古典文獻研究輯刊

五 編

潘美月・杜潔祥 主編

第 6 冊

魏晉南北朝易學書考佚（中）

黃慶萱 著

國家圖書館出版品預行編目資料

魏晉南北朝易學書考佚（中）／黃慶萱著 — 初版 — 台北縣永
和市：花木蘭文化出版社，2007〔民96〕

目 8+158 面；19×26 公分（古典文獻研究輯刊 五編；第6冊）

ISBN：978-986-6831-45-4（全套精裝）
ISBN：978-986-6831-51-5（精裝）
1. 易經　2. 佚書書目　3. 研究考訂
121.17　　　　　　　　　　　　　　　　　96017435

ISBN - 978-986-6831-51-5

9 789866 831515

古典文獻研究輯刊
五　編　第六　冊　　　　　　ISBN：978-986-6831-51-5

魏晉南北朝易學書考佚（中）

作　　者　黃慶萱
主　　編　潘美月　杜潔祥
企劃出版　北京大學文化資源研究中心
出　　版　花木蘭文化出版社
發 行 所　花木蘭文化出版社
發 行 人　高小娟
聯絡地址　台北縣永和市中正路五九五號七樓之三
　　　　　電話：02-2923-1455／傳眞：02-2923-1452
電子信箱　sut81518@ms59.hinet.net
初　　版　2007 年 9 月
定　　價　五編 30 冊（精裝）新台幣 46,500 元

魏晉南北朝易學書考佚（中）

黃慶萱　著

目錄

第五章　晉·鄒湛：《周易統略論》

第一節　撰　人

鄒湛，字潤甫，南陽新野（今河南省新野縣）人也。父鄒軌，魏左將軍。湛少以才學知名，與太原溫顒、穎川荀寓、范陽張華、士鄉劉許、河南鄭詡相友善。仕魏，歷通事郎、太學博士。晉武帝泰始（西元 265 年～274 年）初，轉尚書郎、廷尉平。咸寧（西元 265 年～279 年）中，遷征南從事中郎，深爲羊祜（晉武帝咸寧二年，西元 266 年，十月，加羊祜爲征南大將軍開府儀同三司；咸寧四年十一月，羊祜卒。見晉書武帝紀及萬斯同晉方鎮年表。湛爲征南從事中郎，當在此時）所器重。祜嘗造峴山（在湖北襄陽縣南），慨然歎息，顧謂湛等曰：「自有宇宙，便有此山。由來賢達勝士，登此遠望，如我與卿者多矣，皆湮滅無聞，使人悲傷。如百歲後有知，魂魄猶應登此山。」湛曰：「公德冠四海，道嗣前哲，令聞令望，必與此山俱傳；至若湛輩，乃當如公言耳。」其言語便佞如此，張敏〈頭責秦子羽〉文（見世說新語排調篇及注，洪邁容齊五筆卷四亦載其全文）云湛「口如含膠飴」，雖屬排調，蓋亦紀實也。入爲太子中庶子。太康（西元 280 年～289 年）中，拜散騎常侍，出補渤海太守。惠帝立（西元 290 年），湛轉太傅楊駿（武帝后父，惠帝即位，進爲太傅）長史，遷侍中。元康元年（西元 291 年），駿誅，以僚佐免官。尋起爲散騎常侍，國子祭酒，轉少府。元康末（元康凡九年。止於西元 299 年）卒。張敏〈頭責秦子羽〉文嘗以湛等既已在位，曾無伐木嚶鳴之聲，甚違王、貢彈冠之義云。《晉書》鄒湛入〈文苑傳〉（本文即據文苑傳爲經；並參以羊祜傳及張敏頭責秦子羽文而成）。

湛著詩及論事議二十五首，爲時所重。《隋志》徐鄒湛《周易統略論》五卷外，

有《鄒湛集》三卷，錄一卷，亡。

第二節　考　證

　　鄒湛《易學》著述之名稱，張璠〈周易集解序〉題其名曰《易統略》；《隋志》曰《周易統略》；《舊唐書・經籍志》曰《周易統略論》；《新唐書・藝文志・周易》有鄒湛《統略論》：所記書名皆不同。鄭樵《通志・藝文略》從兩《唐志》作《周易統略論》，蓋爲全稱：《經義考》與丁國鈞、文廷式、秦榮光、黃逢吉諸家《補晉書藝文志》及吳士鑑《補晉書經籍志》並題《周易統略》，蓋從《隋志》，爲省稱也。茲用全稱爲《周易統略論》云。其卷數，《隋志》云五卷，兩《唐志》皆云三卷；則後世有殘缺故也。今唯《釋文》引其二節，馬國翰輯之，他皆亡失矣。

　　《隋志》次《周易統略論》於《周易盡神論》、《周易象論》、《周易卦序論》及《周易論》之間，知《周易統略論》亦屬論難之書。《釋文》所引二節，皆其論難之語。其一以《泰》初九「拔茅茹」之茹爲「牽引也」，同劉向義及弼《注》而與虞翻「茹爲茅根」義異。其二譏荀爽釋「箕子」爲「荄滋」之漫衍無經，同施讎、梁丘賀、馬融、王弼諸儒之說。湛蓋宗王弼者也。

第三節　佚　文

周易上經

䷊ 乾下　坤上　**泰**

初九，拔茅茹，以其彙，征吉。

《統略》：茹，汝據反，牽引也。（釋文：「茹，汝據反，牽引也。鄒湛同。」馬氏亦輯。）

案：拔茅茹以其彙征吉者，謂拔擢群郡賢，互相牽引其類而行，則吉也。《漢書・劉向傳》載《向》上封事云：「在下位則思與其類俱進。《易》曰：『拔茅茹以其彙征吉。』」《魏志・崔林傳・注》引〈魏名臣奏〉：「孟達薦王雄曰：『臣聞明君以求賢爲業；忠臣以進善爲效。故《易》稱「拔茅連茹」。』」皆用此義。王弼《周易注》云：「茅之爲物，拔其根而相牽引者也。茹，相牽引之貌也。

三陽同志，俱志在外，初爲類首，已舉則從，若茅茹也。上順而應，不爲違距，進皆得志，故以其類征吉。」殆爲古義；其說與虞翻「茹爲茅根」義異。鄒湛「茹」訓「牽引」，其說同王弼，而異於虞翻也。至於「茹」音汝據反，去聲，與王肅及《廣韻》讀平聲者異，已詳王肅章。

周易下經

☷☲ 離下　坤上　明夷

六五，箕子之明夷，利貞。

《統略》：荀爽訓箕爲荄，詁子爲滋，漫衍無經，不可致詰。（釋文：「箕子之明夷，蜀才箕作其。劉向云：今易箕子作荄滋。鄒湛云：訓箕爲荄，詁子爲滋，漫衍無經，不可致詰，以譏荀爽。」馬國翰亦輯之。）

案：訓箕爲荄，詁子爲滋，非始於荀爽。《史記・律書》：「子者，滋也（萱按：詩緯推度災：「子者，滋也」）。言萬物滋於下也。⋯⋯箕者，言萬物根棋（萱按：錢大昕廿二史考異卷三曰：「棋讀如荄」），故曰箕。」西漢宣帝時孟喜弟子有趙賓者，以爲：「箕子明夷，陰陽氣亡箕子。箕子者，萬物方荄茲也。」即本《史記・律書》而言也（錢大昕廿二史考異卷三：「易箕子之明夷，趙賓以爲『萬物方荄茲也』，其義蓋本於史公」）《釋文》引劉向云：「今《易》箕子作荄滋。」是劉向校書時所見中古文作「荄滋」（宋翔鳳《周易考異》：「蓋古文易作『其子』，傳古文者讀爲『荄滋』。向自據中古文，不獨趙賓也。向所云『今易』，謂今所出古文之易，猶康成以古文書爲今尚書」）。《說文》：「子，十一月陽氣動，萬物滋。」「亥，荄也，十月微陽起接盛陰。」《釋名》：「子，孳也，陽氣始萌，孳生於下也。」「亥，核也，收藏百物，核取其好惡眞僞也。」是以荀爽訓箕爲荄，詁子爲滋也。其於《史記》、孟喜趙賓《易》、中古文《易》、《說文》、《釋名》，均有所本。《釋文》又引蜀才「箕作其」。惠棟作《周易述》，遂訂《易》文作「其子之明夷。」注云：「其讀爲亥，坤終於亥，乾出于子，故其子之明夷。三升五得正，故利貞。馬君俗儒，讀爲箕子，涉《象傳》而訛耳。」疏云：「蜀才從古文作『其子』，今從之。其古音亥，故讀爲亥。亦作其，劉向曰：『今《易》其子作荄茲。』荀爽據以爲說，蓋讀其子爲荄茲。古文作其子，其與亥，子與茲，字異而音義同。《淮南子》曰：『爨其燧火。』高誘注云：『其音該備之該。』該荄同物，故《三統曆》曰：『該閡於亥；孳

萌于子。』是也。」蓋騁荀爽之說。宋翔鳳《過庭錄》：「荀氏注《易》，遠合趙賓；劉向所據，亦同賓說，賓之所學，實爲有本。《傳》（萱按：指漢書儒林傳）謂：『賓持論巧慧，《易》家不能難。』夫憑肊巧辯，必有時而窮；至於『不能難』而徒以『非古法』庽之，豈信讞乎？案賓以陰陽氣言，即是孟喜候陰陽之學；云受自喜者，其信；讀箕子爲荄茲，當據古文。」亦以趙賓、劉向、荀爽讀「荄茲」者爲有據。荀爽訓箕爲荄，詁子爲滋，其淵源所自以及爲後儒所採信者略如上述。然則鄒湛何以譏其「漫衍無經，不可致詰」耶？此亦由來久矣！請先述其自。方趙賓唱「箕子者萬物方荄茲也」之說，當時《易》家除孟喜一派外，他若施讎、梁丘賀皆曰「非古法」（漢書儒林傳所言）；然以「賓持論巧慧」，故「不能難」耳。是「箕子」一詞之解釋，西漢宣帝間爭論已起。東漢末年，馬融注《易》，以「箕子」爲「紂之諸父」，能「被髮佯狂，以明爲暗」，故曰「箕子之明夷」（集解引）。即以箕子爲人名。虞翻於《明夷》六五「箕子之明夷」無注，於《明夷·象傳》「箕子以之」注云：「箕子，紂諸父。五乾天位，今化爲坤，箕子之象。」所謂五化爲坤，指六五而言，則虞翻亦以六五「箕子」爲紂諸父也。鄒湛既譏荀爽「荄滋」之說，則其主張同於馬融、虞翻「殷諸父」之說者明矣。王弼於「箕子」無注。孔穎達云：「六五最比闇君，似箕子之近殷紂，故曰箕子之明夷。」自此以後，宋儒注《易》，如：張載《橫渠易說》、程頤《伊川易傳》、司馬光《易說》、蘇軾《東坡易傳》、楊萬里《誠齋易傳》、朱熹《周易本義》、朱震《漢上易傳》，無不以箕子之明夷一語中之箕子爲紂諸父矣。清儒如惠棟、錢大昕、宋翔鳳既主「荄滋」之說，駁之者亦復不少。如張樹有〈駁惠定宇箕子明夷說〉（素養堂文集）駁以：「若箕子爲荄滋，則文王又何解乎？」周中孚有〈箕子之明夷解〉（詁經精舍文集），亦斥「近儒尙有引趙賓之說，以證孟喜之卦氣，而復引朱文公說云：疑當時箕子曾占得此爻，後人因而記之，而聖人以入爻也。三說兼收，自相抵牾，宗漢學者，當如是乎？」民國以來，顧頡剛作〈周易卦爻辭中的故事〉，有誅心之論，以爲惠棟等「要維持文王作卦爻辭的信用，那麼只有把箕子的事犧牲了的一法，所以他們便用了別種解釋把這兩個字混過了。」錢賓四先生作〈兩漢博士家法考〉，譏爲「具文飾說」，曰：「箕子與陰陽氣無關，說之不能通，又不肯略去不說，必具文，則陷於飾說也。」趙賓荀爽「荄滋」之說，二千年間所受之責難復如此。茲於未論其是非之前，先有二事須澄清者：一、「箕子」「荄滋」之爭無關乎師法。「荄滋」之說，孟喜弟子趙賓始唱之；虞翻五世傳孟氏《易》，而不採從；荀爽乃傳費氏《易》

者，反用其說。則其爭無關乎師法者明矣。二、「箕子」「荄滋」之爭無關乎《象傳》。《明夷》「箕子」一詞凡三見：即《象傳》：「內文明而外柔順，以蒙大難，文王以之；利艱貞，晦其明也，內難而能正其志，箕子以之。」爻辭：「六五，箕子之明夷，利貞。」《小象》：「箕子之貞，明不可息也。」是也。趙賓、荀爽、惠棟等以爲當讀「荄滋」者，限於六三爻辭及《小象》；而以爲《象傳》「箕子」仍讀「箕子」。此可由惠棟注六五爻辭云：「讀爲『箕子』涉《象傳》而訛耳」，而可知。是故張澍駁以：「若箕子爲荄滋，則文王又何解乎？」混《象傳》爻辭爲一，且有無的放矢之嫌。二事已明，成見既袪，於是可事客觀之論斷。《漢書‧儒林傳》：「蜀人趙賓好小數書，後爲《易》，飾《易》文。以爲箕子明夷，陰陽氣亡箕子。箕子者，萬物方荄滋也。」此爲今所見有關「箕子」「荄滋」之爭最原始之資料。其後劉向所見中古文作「荄滋」，荀爽本作「箕子」訓「荄滋」，皆源於趙賓者也。觀《儒林傳》文，知《周易》爻辭原作「箕子」，趙賓特本「小數書」「飾《易》文，故訓「箕子」爲「荄滋」，而並未改字。茲必須審明者，班固此傳是否可信？惠棟固嘗以「班固不通《易》，其作喜《傳》，亦用讎、賀之單詞，皆非實錄。」（見周易述）萱於此問題之答案曰：班《傳》可信。證據之一：虞翻五世傳孟《易》（三國志裴松之注引虞翻別傳載翻上漢獻帝書曰：「臣高祖父故零陵太守光少治孟氏《易》；曾祖父故平輿令成績述其業；至臣祖父鳳爲之最密；臣先考故日南太守歆受本於鳳，最有舊書；世傳其業，至臣五世」），於爻辭作「箕子之明夷」，並以箕子爲殷諸父。足見《儒林傳》所言《周易》爻辭原作「箕子」，以及「後賓死，莫能持其說，喜因不肯仞。」爲非虛。證據之二：班固所謂「小數書」者，謂「小學」「數術」之書也（拙著漢書儒林傳疏證已發之，不贅）。觀夫《說文》「子」訓「萬物滋」，《釋名》「子，孳也。」之訓，知古小學書確有訓子爲滋之例（說文釋名之書，雖晚於班固，尤晚於趙賓；雖古必先有「子滋」「子孳」之訓，許慎劉熙方得據錄其義，此說文序所以謂「博采通人，至於小大，信而有徵，稽譔其說」也）。又趙賓之訓，本於《史記‧律書》：「子者滋也」「箕者言萬物根棋」（已見前）之言。惠棟引之以證成趙賓之義者有「爨其燧火」「該閡於亥，孳萌于子。」前者出於《淮南子‧時則篇》；後者出於《三統曆》（已見前）。《律書》、《時則篇》、《三統曆》皆爲曆法之書，依班固《藝文志》之圖書分類法，統屬於「數術略」（藝文志於我國古籍採六分法，數術略包括：天文、曆譜、五行、蓍龜、雜占、形法。皆明堂羲和史卜之職也）。然則古數術書亦確有訓子爲滋，訓箕爲根棋，訓其爲該，以及該閡

第六章　晉・楊乂：《周易卦序論》

第一節　撰　人

　　楊乂，字玄舒，汝南（今河南省汝南縣）人（以上名字里籍皆據釋文序錄）。晉給事郎（隋志毛詩辯異三卷，題「晉給事郎楊乂撰」。嚴可均全晉文：「爲給事中」），司徒左長史（釋文序錄云「司徒左長史」，隋志集部有「左長史楊乂集三卷、錄一卷。」亦題「左長史」。隋志經部易類周易卦序論題「晉司徒右長史楊乂撰」者，右爲左之誤）。《晉書》無傳，其詳不可得聞。

　　乂著《周易卦序論》外，又有：《毛詩辯異》三卷（見隋志、兩唐志並作毛詩辨，無異字）、《毛詩異義》二卷（見隋志）、《毛詩雜義》五卷（見隋志）、《楊乂集》三卷（見隋志）。其書均佚，今唯《初學記》引其《周易卦序論》一條；《藝文類聚》引其〈雲賦〉、〈刑禮論〉各一節。由《隋志》著錄及所存佚文觀之，其人蓋精於《易》、《詩》，且擅詞章者也。

第二節　考　證

　　《釋文序錄》引張璠〈周易集解序〉曰：「楊乂字玄舒，汝南人。晉司徒左長史，爲《易卦序論》。」其書《隋志》亦著錄，曰：「《周易卦序論》一卷，晉司徒右長史楊乂撰（右當作左、已詳撰人）」兩《唐志》亦錄之，書名、卷數、作者並同《隋志》。觀其卷數僅一卷，則非巨製。唐人徐堅（唐高宗顯慶四年生，玄宗開元十七年卒。西元659年～729年）編《初學記》引其一條，則中唐其書尚存。《宋志》不錄，蓋已亡矣。《太平御覽》所引，乃本《初學記》轉錄者也。

楊乂於《周易》，至爲閑熟。所撰論賦，每引用之。如〈刑禮論〉（藝文類聚卷五十四引）云：「蓋刑禮之本，經緯陰陽，擬則乾坤，先王所以化民理物興國濟治也。」謂刑禮擬則乾坤。又如〈雲賦〉（藝文類聚卷一引）云：「天地定位，涫和肇分；剛柔初降，陰陽烟熅。于是山澤通氣，華岱興雲。」又云：「乾坤本之交泰，品物以之流形。」皆本於《易》。所撰《周易卦序論》，今雖僅存一條，然觀其釋「山水《蒙》」，知其書乃就《周易》六十四卦依序論其得名之故者，固可以三隅反而知也。

第三節　佚　文

䷃ 坎下艮上 **蒙**

彖曰：蒙，山下有險，險而止，蒙。

《卦序論》：險而止，山也；險而動，泉也。動靜皆蒙險，故曰山水蒙。

（新興書局影印明無錫安氏仿宋本初學記卷五總載山第二引「楊文易卦序論云」、太平御覽卷三十八敘山引「楊乂易卦序論云」皆刪去句末「水蒙」二字，茲據文義補之。又初學記「楊文」、太平御覽「楊乂」皆當作「楊乂」，「文」「乂」與「乂」形近而誤。玉海卷三十六：「御覽引楊乂易卦序論云：『險而止，山也；險而動，泉也。』」作「乂」不誤。馬氏亦輯此條。）

案：《蒙》卦坎下艮上，《說卦》：「艮，止也。」（又見艮彖傳及雜卦）。又：「艮爲山。」故楊乂據之釋《蒙》卦上體艮曰：「險而止，山也。」《坎．彖傳》曰：「《習坎》，重險也，水流而不盈。」故楊乂據之釋《蒙》卦下體坎曰：「險而動，泉也。」然則《蒙》「動靜皆蒙險」矣，楊乂以爲此即「山水《蒙》」之所以得名也。觀楊乂所論，乃釋《周易》卦之得名。倘其書名「周易卦序論」者，乃就《周易》六十四「卦」，一一依「序」而「論」其得名之故者與？

第七章　晉‧張軌：《周易義》

第一節　撰　人

　　張軌（漢張耳十七代孫，北魏張猛龍八世祖。軌生，於魏高貴鄉公甘露元年，西元 256 年），字士彥，安定烏氏（今甘肅省平涼縣）人。少好學明經，與同郡皇甫謐善。中書監張華嘗與軌論經義及政事損益，甚器之。晉武帝太康（凡十年，西元 280 年～289 年）中，衛將軍楊珧辟爲掾，除太子舍人，累遷散騎常侍，征西將軍司馬。八王亂起（西元 300 年），軌以晉室多難，陰圖據河西。於是求爲涼州。晉惠帝永寧（西元 301 年，次年改元太安）初，出爲護羌校尉，涼州刺史。于時鮮卑反叛，寇盜從橫，軌到官即討平之，威著西州，化行河右。徵九郡冑子五百人立學校，始置崇文祭酒，春秋行鄉射之禮。永興（凡二年，西元 304～305 年）中，大城姑臧（今甘肅省武威縣），遂霸河西。時五胡紛起，天下既亂，所在使命，莫有至者。而軌遣使貢獻，歲時不替。又嘗敗劉聰於河東；王彌寇洛陽，軌遣軍來衛。及京師陷落，劉聰虜晉懷帝北去，軌馳檄關中，擁立愍帝；愍帝拜軌太尉、涼州牧。建業二年（西元 314 年）卒。州人擁其子寔攝父位。東晉穆帝永和元年（西元 345 年），張駿自立爲涼王。駿即寔之子，軌之孫也。《晉書》卷八十六、《魏書》卷九十五及崔鴻《十六國春秋》（廣雅書局輯補本卷六十七）皆有傳（爲本文所據）。

第二節　考　證

　　張軌著作，史志未載。然《十六國春秋輯補》卷六十七〈前涼錄〉謂「軌與京兆杜預善（十六國春秋纂錄校本無「善」字，輯補有之），以所注《易》遺之。」

《經典釋文敘錄》引張璠〈周易集解序〉亦云:「張軌為《易義》。」則軌嘗注《易》,名曰《易義》也。《釋文》嘗自張璠《集解》引其《旅》九四「得其齊斧」《義》云:「齊斧,蓋黃鉞斧也。」考字作「齊父」,與子夏、班固、應劭、服虔、張晏、虞喜並同;與王弼本作「資斧」者異。訓「黃鉞」,與《漢書・王莽傳》載王尋「亡其黃鉞」,房揚哭曰:「此經所謂『喪其齊斧』者也。」以及蔡邕〈黃鉞銘〉言「齊斧罔設」義合。張軌《易義》之存古字古義,於此見其一斑。

　　《晉書》本傳又記軌求為涼州刺史,筮之,遇《泰》之《觀》,乃投筮喜曰:「霸者兆也。」則軌於《易義》外,且長於筮。《泰》乾下坤上䷊,《觀》坤下巽上䷓。除六四外,五爻皆變。《觀》六四爻辭曰:「觀國之光,利用賓於王。」軌以為「霸者兆也」者,或指此乎?然與《左傳》、《國語》筮例固有異也(錢大昕潛研堂文集卷四:「問春秋內外傳占筮之法。曰:春秋之世,三易尚存。其以周易占者,一爻變則以變爻辭占:如觀之否,歸妹之睽,明夷之謙之類是也。數爻變則以象辭占:如艮之八,屯貞悔豫皆八是也。六爻皆不變,亦以象辭占:泰之八是也。」泰之觀,數爻變,若以象辭(謂卦辭)占,則「觀盥而不薦,有孚顒若。」於「霸之兆」無所取義。故疑取觀六四爻辭也。宋趙汝楳作易雅及筮宗,論筮法甚詳,與錢大昕說異。文長不引。蓋錢大昕之說,亦非定論也。)

第三節　佚　文

䷷ 艮下
離上 旅

九四,旅於處,得其齊斧,我心不快。(齊,弼本作資。釋文:「資斧,如字,子夏傳及眾家並作齊斧。張軌云:『齊斧,蓋黃鉞斧也。』張晏云:『整齊也。』應劭云:『齊利也。』虞喜志林云:『齊當作齋,齋戒入廟而受斧。』下卦同。」馬國翰輯之。)

《義》:齊斧,蓋黃鉞斧也。(見上引釋文。馬國翰輯之。)

案:「資斧」字作「齊斧」,據《釋文》:子夏、應劭(東漢人。漢書王莽傳:「此經所謂『喪其齊斧』者也。」顏師古注引應劭曰:「齊利也,亡其利斧,言無以復斷斬也」)、張晏(三國魏人,著西漢書音釋四十卷,見尚友錄。漢書敘傳:「終用齊斧」。張晏曰:「齊斧,越斧也。以整齊天下也。」見顏師古注)、虞喜(西晉人,文選陳孔璋檄吳將校部曲文善注引虞喜志林曰:「齊,側皆切,

凡師出必齊戒，入廟受斧，故曰齊斧也」）皆然。宋翔鳳《周易考異》云：「按
《蔡邕集》〈太尉橋公碑〉：『爰將度遼，亦由齊斧。』《文選》陳孔璋〈檄吳
將校部曲〉云：『要領不足以膏齊斧。』《晉書・樂志》：『乃整元戎，以膏齊
斧。』則古人多用齊斧。」是也。「齊」字所以作「資」者，章太炎先生《文
始》云：「齊又孳乳爲劑；又孳乳爲資；劑亦孳乳爲鉆，利也，讀若齊。《易》
言喪其資斧，今言犀利，皆此字。」蓋同一語族也。《禮記・昏義》：「爲后服
資衰。」鄭玄注：「資當爲齊，聲之誤也。」《周禮・多官・考工記》：「或通
四方之珍異以資之。」鄭玄注：「故書資作齊。杜子春云：齊當爲資，讀如冬
資絺之資。」是「資」「齊」聲近互誤，古籍有之。故《周易》張軌等眾家作
「齊斧」而王弼本獨作「資斧」也。張軌以「齊斧」爲「黃鉞斧」者，《漢書・
王莽傳》：「司徒尋初發長安，宿霸昌廄，亡其黃鉞。尋士房揚素狂直，廼哭
曰：此經所謂『喪其齊斧』者也。」（袁宏後漢紀光武紀卷一同）《蔡中郎文
集》（四部叢刊縮印華氏活字本）卷一〈黃鉞銘〉云：「齊斧罔（當作罔）設。」
則軌以「齊斧」爲「黃鉞」，義與班固、蔡邕合。

象曰：旅於處，未得位也；得其齊斧，心未快也。（齊，弼本作資。張軌
於爻辭既作齊，於象辭自亦作齊也。馬國翰未輯。）

案：已詳上條，不贅。

　　　　巽下
　　　　巽上　**巽**

上九，巽在牀下，喪其齊斧，貞凶。（齊，弼本作資。釋文於上卦言「下卦
同」，則張軌等此卦亦作齊斧也。馬國翰未輯。）

案：《漢書・王莽傳》：「此經所謂『喪其齊斧』者也。」師古曰：「此《易・巽卦》
　　上九爻辭。」又《文選》李善注引《漢書音義》服虔注曰：「《易》曰：喪其
　　齊斧。」是班固、服虔所見《周易・巽》上九爻辭作「齊斧」也。《釋文》言
　　子夏、應劭、張晏、虞喜、張軌作「齊斧」，蓋古本如此。

象曰：巽在牀下，上窮也；喪其齊斧，正乎凶也。（齊，弼本作資。張軌
於爻辭既作齊，於象辭自亦作齊也。馬國翰未輯。）

案：已詳上條，不贅。

第八章　晉・張璠：《周易集解》

第一節　撰　人

　　張璠（日本國見在書目璠誤作播），東晉、安定（見釋文序錄。安定，今甘肅涇川縣）人。秘書郎（見釋文序錄及日本國見在目錄），參著作（見釋文序錄，《隋書・經籍志》云著作郎）。著《周易集解》十卷（詳考證）、《周易略論》一卷（詳考證）；又撰《後漢紀》三十卷（隋志「後漢紀三十卷，張璠撰。兩唐志並有著錄。」，準依《左氏》（史通內篇：「如張璠、孫盛、干寶、徐廣、裴子野、吳均、何子元、王劭等，或謂之春秋，或謂之紀，或謂之略，或謂之典，或謂之志，大抵皆依左傳，以爲的準焉。」又曰：「荀悅張璠，左明之黨也」），所紀頗詳（郡齋讀書志曰：「東京史籍，惟璠紀差詳」），雖全書未成，辭藻可觀，有「良史」之稱云（三國志魏志三少帝紀注：「臣松之案：張璠，晉之良史，出爲官長，撰後漢紀，雖以未成，辭藻可觀」）。

第二節　考　證

　　張璠《易》學著述，古目錄所載書名卷數略有出入。就書名言：《釋文・序錄》題《周易集解》；《隋志》題《周易注》；兩《唐志》於《周易集解》外，又出《周易略論》。竊意當從《釋文》名《周易集解》。《隋志》以類爲綱，次「《周易張璠注》」於「《周易馬鄭二王四家集解》」、「《周易荀爽九家注》」、「《周易楊氏集二王注》」之首，蓋皆「集解」之類。稱張璠「注」而不曰「集解」，猶九家稱「注」不曰「集解」（釋文稱「九家集注」，兩唐志則名曰「集解」）之例也。兩《唐志》

於《周易集解》外，又出《周易略論》者，此《略論》原爲《集解》附錄，猶王弼《周易注》之附有《周易略例》也。就卷數言：《釋文》合《集解略論》爲一，故有十二卷。《隋志》云梁有十卷者（釋文引七志亦云十卷），不附《略論》之本也。《隋志》又云八卷，則殘缺所致。兩《唐志》云《集解》十卷者，則全本復出；《略論》一卷者，或闕一卷，或合二卷爲一卷也。《宋志》不錄張璠《集解》，《太平御覽》亦不之引，似其時已亡其書矣。

張璠所集者，《釋文》云「二十二家」，又引《七錄》云「集二十八家」。案《釋文》引璠序列二十二家姓名里爵書名，則二十二家爲有徵。其中如：鍾會以《易》爲「行己至要」，著《易無互體》之論。向秀名在竹林七賢之列。王宏爲王弼之兄。阮咸爲阮籍之兄子，阮渾爲籍子，並喜玄談論難。王濟好《易》《老》《莊》、常云見弼《易注》，所悟良多。鄒湛譏荀爽釋「箕子」爲「荄滋」之漫衍無經。宣聘於《隋志》列於道家。雖一二字詞，所釋或異，要皆王弼一派宗義理而近於道家者也。應貞嘗撰定《新禮》。張輝官至博士。楊乂立論多本於《象傳》、《說卦》。衛瓘於《易義》外，有《喪服儀》、《集注論語》。欒肇又著《論語釋疑》，《論語駁序》。杜育嘗爲國子祭酒。張軌《易》存古字古義。蓋皆宗義理而近於儒家者也。荀煇世傳荀爽（著易傳）、荀顗（嘗難鍾會易無互體論）、荀融（嘗難弼易大衍義）之家學，自屬荀氏象數一派。璠〈集解序〉云：「蜂蜜以兼採爲味。」儻謂於義理、象數皆有所採與？然荀氏傳《費易》，與弼家法雖異，而師法猶同也。至於庾運、楊瓚，僅知其爵；邢融、裴藻、許適、楊藻，並其里爵亦不得知。史籍無傳，世亡其書，殆不可詳考矣。以上張璠所集二十二家之大略也。又二十二家中，向秀《易義》、楊乂《易卦序論》、鄒湛《易統略》、張軌《易義》、佚文尚可考輯，本書皆有專章述之。故本章佚文節，僅錄其說，以存《集解》之舊；而案語從略焉。

張璠《集解》之底本，〈序〉云「依向秀本」，然《釋文》所引，有曰「向本」（詳見向秀章）者，有曰「張璠本」（經義考據汲古閣本誤爲張倫，遂於張璠集解外別出張倫易義，非也，馬國翰駁之甚詳，見馬氏輯本序）者，是張璠本雖依向秀本，而文字有與向秀本異者。茲據《釋文》輯得九條。如：《坤·文言》「直方大」上有「《易》曰」，依上下文例，有「《易》曰」爲是。《賁》初九「舍車而徒」之車作輿，從鄭玄也。《坎》上六「寘于叢棘」之寘作置，蓋以訓詁字「置」代「寘」字。《恆》上六「振恆凶」之振作震，觀《恆》卦巽下震上，則「震恆」是也。《大壯》九三「羸其角」之羸作虆，其本字當爲纍，王弼從馬融作羸，叚借也。璠作虆，纍之繁文。《家人》九三「婦子嘻嘻」之嘻作嬉，古籍嘻多訓悲恨之聲，嬉多訓戲樂之貌，故璠訂作嬉。《蹇》初六《象傳》「宜待」，璠作「宜時」，其實當依

鄭玄、虞翻作「宜待時」；弼本脫「時」，璠本脫「待」。《上繫》「範圍天地之化」之「範圍」作「犯違」，從馬融、王肅、與鄭玄、《九家》、韓康伯異。《上繫》「聖人以此洗心」之洗作先，與京房、荀爽、虞翻、董遇同，其義較勝；與王肅、韓康伯作洗者異。蓋張璠於《易》文，亦有所斟訂也。

　　張璠之釋《易義》，見於《史記集解》者二條，見於《釋文》者三條，見於李鼎祚《周易集解》者二條；又《文選》李善注引《井》九三「井渫不食，為我心惻。」張璠注：「可為惻然，傷道未行也。」與《史記集解》同，而下云：「然不食以被任用也。」則《史記集解》所無。併而計之，凡得七條。其中《釋文》所引：以《大壯》九三「羝羊」為「殺羊」（殆據說文，孔穎達同其說），以《姤》九五「以杞包瓜」之杞為「苟杞」（同王弼；孔穎達、史徵皆主此說。而馬融、鄭玄、程頤、朱熹以為杞柳），皆訓詁名物；以《上繫》「犯違天地」之犯違為「裁成」，則純釋詞義。李鼎祚《周易集解》所引二條：《乾‧文言》「同聲相應」，引張璠曰：「天者，陽也；君者，陽也。雷風者，天之聲；號令者，君之聲。明君與天地相應，合德同化，動靜不違也。」璠謂「雷風」與「號令」相應，乃「明君與天地相應」之徵。其意與虞翻以震雷與巽風相應者異。《上繫》「而觀其會通」，引張璠曰：「會者，陰陽合會；若《蒙》九二也；通者，《乾》《坤》交通，《既濟》是也。」璠謂「陰陽合會若《蒙》九二也」，其意與王弼「《蒙》初比於陽則發蒙也」實同。李鼎祚《集解》以闡發象數為歸，所引張璠言象者僅此二條，且璠意復異虞同弼，則璠之宗弼異虞，亦可知矣。裴駰《史記集解》引張璠曰者二：《乾‧文言》「雲從龍風從虎」，張璠曰：「猶言龍從雲虎從風」。《井》九三「為我心惻」，張璠曰：「可為惻然，傷道未行。」《文選注》所引「傷道未行」下更有「然不食以被任用也」，皆純說文義，不及象數。此張璠說《易》義之大較也。

　　又《釋文》於《子夏易傳》三卷下引張璠云：「或馯臂子弓所作，薛虞記。虞不詳何許人。」蓋張璠〈集解序〉文。馬國翰、孫堂、黃奭之輯本，皆漏此條未輯。

　　古文集合諸家之《易》以成一家者，《隋志》所載，有《荀爽九家注》（釋文引其序云有：荀爽、京房、馬融、鄭玄、宋衷、虞翻、陸績、姚信、翟子玄。子玄不詳何人，為易義。注內又有張氏朱氏，並不詳何人）、《馬鄭二王集解》（不著撰人。蓋集馬融、鄭玄、王肅、王弼四家說）、楊氏《集二王注》（楊氏生平未詳，二王為肅弼也）、及張璠《集解》而已。《九家注》為言象一派之總集；《馬融二王集解》為言理一派之總集：所選集者，皆名家巨著。張璠《集解》則獨於荀爽九家、馬鄭二王之外，捃拾魏晉諸賢短幅精妙之言，成《周易集解》之書。其扶微闡幽、繼往存絕之意，良可感人。今其書與荀爽九家、馬鄭王肅之書並亡，至可惜也。

第三節　佚　文

序

依向秀本。（釋文序錄引張璠集解序，馬氏輯之。）

案：張璠《集解》於《周易》正文，依向秀本。然《釋文》所錄《周易》之異文，
　　有題「向本」者，如《坎》卦出「險且」云「古文及鄭向本作檢」；《明夷》
　　出「文王以之」，云「鄭荀向作似之，下亦然。」有題「張本」者，如《坤》
　　卦出「直方大不習无不利則不疑其所行」，云「張璠本此上有《易》曰，眾家
　　皆无。」其他詳佚文各條。《釋文》於「向本」外有「張璠本」，又曰「眾家
　　皆無」，則向本張本似不盡同。或張璠依向秀本為底本，而略有改訂之處。

《子夏易傳》，或馯臂子弓所作，薛虞記，虞不詳何許人。（釋文序錄引，
馬國翰未輯。）

案：《史記·仲尼弟子列傳》：「孔子傳《易》於瞿；瞿傳楚人馯臂子弘。」《史記
　　索隱》及《正義》皆引應劭云：「子弓是子夏門人。」則子弓為孔子再傳弟子。
　　《漢書·儒林傳》：「自魯商瞿子木受《易》孔子，以授魯橋庇子庸，子庸授
　　江東馯臂子弓。」則馯臂子弓為孔子三傳弟子。《荀子·非十二子》篇：「上
　　則法舜禹之制，下則法仲尼子弓之義。」子弓之見重於荀子者如此。薛虞里
　　爵並不可考，亦不知其為何代人。馬國翰自《釋文》、《正義》輯得薛氏《周
　　易記》十一條，〈序〉云：「大抵為漢魏間儒生也。」考《子夏易傳》之作者，
　　世多異說。劉向《七略》云：「《易傳》子夏韓氏嬰也。」（唐會要引王儉志所
　　引，《釋文》引略同）。荀勖《中經簿錄》云：「子夏《易傳》四卷，或云丁寬
　　所作。」（唐會要引，《釋文》所引略同）。《隋志》：「《周易》二卷，魏文侯師
　　卜子夏傳，殘缺。梁六卷。」孫坦《周易析薀》：「杜子春之學。」趙汝楳《周
　　易輯聞》：「鄧彭祖傳梁丘之學，如以子夏為彭祖，猶有彷彿。」宋翔鳳《過
　　庭錄》：「《子夏易傳》，子夏為韓嬰孫商之字。」六說之中，以韓嬰說最為後
　　人所言。張惠言《周易別錄輯本·序》：「劉向父子博學近古，以為韓嬰，當
　　必有據。〈儒林傳〉稱韓生亦以《易》授人，推《易》意而為之《傳》。」近
　　人張心澂作《偽書通考》，云：「案《漢書·藝文志》曰：『劉歆奏《七略》，
　　今刪其要，以備篇籍。』師古曰：『刪去浮冗，取其指要也。』其〈六藝略〉
　　載韓氏二篇注云：『名嬰』，據《七略》以指要為題，他詞或刪或入註。韓氏

二篇即《七略》之『《易傳》子夏韓氏嬰』二篇也。」後出轉精，其言最是。張璠所以言「或馯臂子弓所作，薛虞記」者，宋翔鳳《過庭錄》嘗爲之釋曰：「《漢儒林傳》稱魯商瞿子木受《易》孔子，以授魯橋庇子庸；子庸授江東馯臂子弓；子弓授燕周醜子家。則子家當爲六國時人，受子弓之《易》傳於燕地。韓嬰之以《易》授人，自必有所傳，蓋出於子弓。故張璠稱《子夏易傳》或馯臂子弓所作。萱謹案：張璠又以《子夏易傳》乃「薛虞記」，唐司馬貞亦言：「今秘閣有《子夏傳》，薛虞記。」疑子夏爲「記」者「薛虞」之字，虞夏名字相配。然無確證，姑附於此。

鍾會字士季，潁川人，魏鎮西將軍，爲《易無互體論》。（釋文引。馬氏輯。）

案：《三國志・魏書》卷二十八有鍾會傳，略云：會字士季，潁川長社（今河南省長葛縣）人，太傅繇小子也。正始中（正始爲魏齊王芳年號，西元 240 年～248 年），爲秘書郎，遷尚書中書侍郎。高貴鄉公即尊位（西元 254 年），賜爵關內侯。司馬文王（司馬昭）爲大將軍輔政，會封東武亭侯。以中郎在大將軍府管記室事，爲腹心之任。文王欲大舉圖蜀，景元三年（西元 262 年）冬，以會爲鎮西將軍，統十餘萬眾分從斜谷駱谷入。及蜀平，會以景元五年正月十五日至成都，自謂功名蓋世，不可復爲人下，遂矯太后（魏明帝郭后）遣詔起兵廢文王。十八日爲胡烈等所殺。年四十（西元 225 年～264 年）。會少敏慧夙成。自述（見裴松之注引會所撰會母張夫人傳）其母張氏於會四歲授以《孝經》，命其七歲誦《論語》，八歲誦《詩》，十歲誦《尚書》，十一誦《易》，十二誦《春秋左氏傳》、《國語》，十三誦《周禮》、《禮記》，十四誦成侯（會父繇）《易記》，十五使入太學問四方奇文異訓。會母亦雅好書籍，涉歷眾書，特好《易》、《老子》。每讀《易》孔子說「鳴鶴在陰」（中孚六二爻辭。又見繫辭上，而下有子曰：「君子居其室，出其言善，則千里之外應之，況其邇者乎；出其言不善，則千裡之外違之，況其邇者乎。言出乎身，加乎民；行發乎邇，見乎遠。言行，君子之樞機，樞機之發，榮辱之主也。言行，君子之所以動天地也，可不慎乎！」）、「勞謙君子」（謙六三爻辭及小象。又見繫辭上，而下有子曰：「勞而不伐，有功而不德，厚之至也。」）、「藉用白茅」（大過初六爻辭及小象。又見繫辭上，而下有子曰：「苟錯諸地而可矣，藉之用茅，何咎之有，慎之至也。夫茅之爲物薄，而用可重也。慎斯術也以往，其無所失矣。」）、「不出戶庭」（節初九爻辭及小象。又見繫辭上，下有子曰：「亂之

所生也，則言語以爲階。君不密則失臣，臣不密則失身，幾事不密則害成。是以君子慎密而不出也。」）之義，每使會反覆讀之。曰：「《易》三百餘爻，仲尼特說此者，以謙恭慎密，樞機之發，行己至要，榮身所由故也。順斯術已往，足爲君子矣。」會亦特好《易》《老子》者，母教使然也。嘗論《易無互體》、〈才性同異〉（世說文學篇：「鍾會撰四本論始畢，甚欲使嵇公一見，置懷中；既詣，畏其難，懷不敢出，于戶外遙擲，便回急走。」注引魏志曰：「會論才性同異傳於世。四本者，言才性同，才性異，才性合，才性離也。尚書傅嘏論同；中書令李豐論異；侍郎鍾會論合；屯騎校尉王廣論離。」三國志傅嘏傳：「嘏常論才性同異，鍾會集而論之。」近人陳寅恪有書世說新語四本論後一文，以四本論與當時政治有關，詳中山大學學報一九五六年三月七十期）、及《道論》（會傳云：「及會死後，於會家得書二十篇，名曰道論，而實刑名家也」）。弱冠與山陽王弼並知名。考互體之說，始於《左傳》。莊公二十二傳：「周史有以《周易》見陳侯者，陳侯使筮之，遇《觀》䷓之《否》䷋，曰：坤，土也，巽，風也；乾，天也。風爲天於土上，山也。」《否》卦二至四卦互體《艮》，故曰山也。京房、鄭玄，皆用以釋《易》象。及虞翻注《易》，既以二至四爻，三至五爻互三畫之卦各一；復以一至五、二至上，各互六畫之卦一；更以初至四、二至五、三至上，各互六畫之卦一；甚至有本不成體，而據其半象，以爲互體者：於是一卦可衍爲無數之卦體（屈翼鵬先生先秦漢魏易例述評有「虞翻互體」一節，言之甚詳。此多本之）。宜乎鍾會作《周易无互體論》以駁，然其時荀顗嘗難之（晉書荀顗傳：「顗理思周密，難鍾會易無互體，見稱於世」）。《隋書‧經籍志》著錄「《周易盡神論》一卷，魏司空鍾會撰；梁有《周易無互體論》三卷，鍾會撰亡。」《唐書‧經籍志》有「《周易》四卷，鍾會撰。」（姚振宗隋志考證云易下敓論字），《唐書‧藝文志》有「鍾會《周易論》四卷。」蓋其書隋唐猶存也。

向秀，字子期，河內人，晉散騎常侍，為《易義》。（釋文引，馬氏輯。）

案：向秀《易義》，於《易》文字與弼異者，皆依鄭玄。其釋義，喜就象而言理，於《易》卦象及《易傳》多有據；與漢魏諸儒則頗有異同，詳已見向秀章云。

庾運，字玄度，新野人，官至尚書，為《易義》，一曰《易注》。（釋文引，馬氏所輯「玄」作「元」，避康熙諱改。）

案：庾運里爵著述，僅見於此，別無可考。新野，晉郡，今河南省新野縣。

應貞，字吉甫，汝南人，晉散騎常侍，為《明易論》。（釋文引，馬氏輯「易」字誤為「義」字。）

案：應貞，《晉書》入〈文苑外傳〉，略云：應貞，字吉甫，汝南南頓（今河南省項城縣）人。魏侍中璩（兄瑒，建安七子之一）之子也。自漢至魏世，以文章顯，軒冕相襲，為郡盛族。貞善談論，以才學稱，夏侯玄甚重之（魏志王粲傳注引文章敘錄曰：「正始中，夏侯玄。有名勢。貞嘗在玄坐作五言詩，玄嘉玩之。」）。舉高第，頻歷顯位。武帝為撫軍大將軍，以為參軍。及踐阼，遷給事中。帝於華林園宴射，貞賦詩最美。初置太子中庶子，貞與護軍長史孔恂俱為之。後遷散騎常侍。以儒學與太尉荀顗撰定新禮，未施行。泰始五年（西元 269 年）卒。《文集》行於世（隋志：散騎常侍應貞集一卷。梁有五卷、亡。兩唐志仍五卷）。貞著《明易論》，《隋志》未錄，《釋文‧序錄》引張璠《集解》題其書名為「明易論」，未言卷數。《舊唐書‧經籍志》有《周易論》一卷，應吉甫撰。「明」字作「周」，涉「周易」一詞而誤；書「吉甫」不書「貞」者，宋人避仁宗趙禎嫌名而稱其字也。《新唐書‧藝文志》有「應吉甫《明易論》一卷」，亦避名稱字，唯書名「明易論」不誤。其書今佚。亦無輯本。

荀煇，字景文，潁川潁陰人，晉太子中庶子，為《易義》。《七志》云：注《易》十卷。（釋文引，馬氏輯。）

案：潁川荀氏，為魏晉巨族，世傳《周易》。其先有荀爽著《易傳》（後漢書荀淑列傳：「荀淑字季和，潁川潁陰人也，荀卿十一世孫。……有子八人：儉、緄、靖、燾、汪、爽、肅、旉。並有名稱，時人謂之八龍。……爽字慈明，一名諝。……著易傳。」隋志：「周易十一卷，漢司空荀爽注。」孫堂、馬國翰、黃奭皆輯之），據爻象承應陰陽變化之義，以十篇之文解說經意（語本荀悅漢紀。悅，爽侄）。復有荀顗（荀爽從孫，荀悅荀彧之侄。）嘗難鍾會《易無互體》（晉書荀顗傳：「荀顗字景倩，博學洽聞，理思周密。難鍾會易無互體。」詳鍾會條）：荀融（荀顗兄荀紹之子）嘗難王弼《易》大衍義（三國志鍾會傳裴注引何劭王弼傳曰：「潁川人荀融難弼大衍義」）。蓋荀氏《易》言消息、互體、飛伏、升降，與王弼掃象，鍾會言易無互體者異趣也。荀煇者，荀爽四世從孫，荀顗從孫，荀融之侄也。《三國志‧魏書‧荀彧傳》注引《荀氏家傳》（姚振宗《隋書‧經籍志》考證荀氏家傳作零陵先賢傳，蓋據明監本及武英殿本三國志而誤。章宗源《隋書‧經籍志》考證以世說注、文選注、通典注、

藝文類聚、太平御覽皆引荀氏家傳，故云其書宋時尚存。盧弼三國志集解遂訂作荀氏家傳）曰：「或兄諶字友若。諶子閎字仲茂。閎重孫煇（當依《釋文》作煇，蓋涉或子惲而誤。惲字長倩，煇字景文，經義考誤以為一人，翁方綱補正駁之）字景文，太子中庶子，亦知名，與賈充共定《音律》（三國志集解引陳景雲曰：「音當作晉，見晉書賈充傳」），又作《易集解》。」煇家學淵源，疑所著《易義》當本其家傳。其書名，《釋文》云「易義」；《隋志》及兩《唐志》並曰「周易注」（隋志：「梁有魏散騎常侍荀煇注周易十卷，亡。」侯康補三國藝文志：「《釋文》序錄引張璠集解序稱煇為晉太子中庶子，而隋志稱魏散騎常侍，豈注易在仕魏時耶？」舊唐志：「周易十卷荀暉注。」新唐志：「周易荀輝注十卷。」姚振宗云：「煇與暉輝並同」）；而《荀氏家傳》名「易集解」。趙一清遂以「今荀爽《九家集解》疑即《煇》所作。」矣。

張煇，字義元，梁國人，晉侍中平陵亭侯，為《易義》。（釋文引，馬氏輯。）

案：張煇里爵著述，唯見於此。考《晉書》卷二十《禮志》中載：「太康元年（太康，晉武帝年號；元年即西元280年），東平王楙上言：相王昌父毖本居長沙，有妻息。漢末使入中國，值吳叛，仕魏為黃門郎。與前妻息死生融絕，更娶昌母。今江表一統，昌聞前母久喪，言疾。求平議。……侍中領博士張惲議：昔舜不告而娶，婚禮蓋闕。故〈堯典〉以釐降二女為文，不殊嫡媵；傳記以妃夫人稱之，明不立正后也。夫以聖人之弘，帝者嫡子，猶權事而變，以定典禮。黃昌之告新妻，使避正室，時論許之。推姬氏之讓，執黃卿之決，宜使各自服其母。」彼張惲與此張煇同為晉人，同為儒者，同為侍中，疑是一人。惲煇形似，故易致誤。張煇之作張惲，猶荀煇之作荀惲（荀煇已見上文）也。

王宏，字正宗，弼之兄。晉大司農，贈大常。為《易義》。（釋文引，馬氏輯。）

案：王宏，高平（今山東省金鄉縣）人。晉武帝泰始（西元265年～274年）初為汲郡太守，在郡有殊績，武帝下詔稱之。俄遷衛尉、河南尹、大司農。太康五年（西元284年）卒。《晉書》卷九十有傳。王宏王弼，皆治《易》學，考其淵源，似有二途。其一，得其外家劉表易學。劉表有《周易章句》五卷（隋志：「周易五卷，漢荊州牧劉表章句。」張惠言、孫堂、馬國翰、黃奭皆輯之），宗費直而與鄭玄義近（張惠言易義別錄云：「景升章句，缺略難考，案其義於鄭為近，

大要費氏易也」）。宏弼父業，為劉表之外孫（三國志鍾傳裴注引博物記曰：「初
王粲與族兄凱，俱避地荊州，劉表欲以女妻粲，而嫌其形陋而用率。以凱有風
貌，乃以妻凱，凱生業，業即劉表外孫也。業子宏、弼之兄也」），故傳其業。
其二，得蔡邕之藏書。《三國志》裴《注》引《博物記》云：「蔡邕有書近萬卷，
末年載數車與粲。粲亡後，相國掾魏諷謀反，粲子與焉。既被誅，邕所與書悉
入業。」於是宏、弼得以博覽焉。然兄弟二人，性殊學異。宏有能稱，《晉書》
入〈良吏傳〉；弼為人淺，不識物情（三國裴注引何劭王弼傳曰：「弼為人淺而
不識物情。初與王黎荀融善。黎奪其黃門郎，於是恨黎；與融亦不終」）。宏務
為苛碎（晉書王宏傳：「更為苛碎，坐桎梏罪人以泥塗面置深坑中，餓不與食，
又擅縱五歲刑以下二十一人，為有司所劾」），似黃老刑名之風：弼義理高致，
得老莊虛無之旨（四庫提要曰：「闡明義理，使易不雜於術數者，弼深為有功，
祖尚虛無，使易竟入老莊者，弼亦不能無過」）。弼所注《易》，撰《易略例》，
皆傳於世；宏作《易義》，則亡矣。

阮咸，字仲容，陳留人，籍之兄子，晉散騎常侍，始平太守，為《易義》。（釋文引，馬氏輯。）

案：阮咸為竹林七賢之一。七賢者，阮籍、嵇康、山濤、王戎、向秀、劉伶、阮
咸也（世說任誕篇：「陳留阮籍、譙國嵇康、河內山濤，三人年皆相比，康年
少亞之。預此契者，沛國劉伶、陳留阮咸、河內向秀、琅邪王戎，七人常集
于竹林之下，肆意酣暢，故世謂竹林七賢。」水經清水注：「魏步兵校尉阮籍、
中散大夫譙國嵇康、晉司徒河內山濤、司徒琅邪王戎、黃門郎河內向秀、建
威參軍沛國劉伶、始平太守阮咸等，同居山陽，結自得之遊，時人號之為竹
林七賢。」）。《晉書》卷四十九有〈阮咸傳〉，略云：咸任達不拘，與叔父籍
為竹林之游，當世禮法者，譏其所為。咸與籍居道南，諸阮居道北。北阮富
而南阮貧。七月七日，北阮盛曬衣服，皆錦綺粲目。咸以竿挂大布犢鼻於庭
在，人或怪之。歷仕散騎侍郎。山濤舉咸典選；武帝以咸耽酒浮虛，遂不用。
而居母喪，縱情越禮。素幸姑之婢。姑當歸於夫家，初云留婢，既而自從去。
時方有客，咸聞之，遽借客馬為追婢，既及，與婢累騎而還。論者甚非之。
咸妙解音律，善彈琵琶，雖處世不交人事，惟共親知絃歌酣宴而已。與從子
修特相善，每以得意為歡。諸阮皆飲酒。咸至宗人閒共集，不復用杯觴斟酌，
以大盆盛酒，圓坐相向，大酌更飲。時有群豕來飲其酒，咸直接去其上，便
共飲之。群從昆弟莫不以放達為行，籍弗之許。荀勖每與咸論音律，自以為

遠不及也。疾之，出補始平太守（世說術解篇：「荀勗善解音聲，時論謂之闇
解。遂調律呂，正雅樂。每至正會，殿庭作樂，自調宮商，無不諧韻。阮咸
妙賞，時謂神解。每公會作樂，而心謂之不調。既無一言直勗，意忌之，遂
出阮爲始平太守。後有一田父耕於野，得周時玉尺，便是天下正尺。荀試以
校己所治鐘鼓、金石、絲竹，皆覺短一黍，於是伏阮神識。」注引晉諸公贊
云：「散騎侍郎阮咸，謂『勗所造聲高，高則悲。夫亡國之音哀以思，其民困。
今聲不合雅，懼非德政中和之音，必是古今尺有長短所致。然今鐘磬，是魏
時杜夔所造，不與勗律相應，音聲舒雅，而久不知夔造，時人爲之，不足改
易。』勗性自矜，乃因事左遷咸爲始平太守」）。以壽終。咸之《易義》，即《新
唐書‧藝文志》「《周易》阮長成阮仲容《難答論》二卷」中之「答論」（隋志
有「周易論二卷，晉馮翊太守阮渾撰」阮渾下脫「阮咸」名。舊唐志有「周
易論二卷，暨長成難，暨仲容答。」暨當作阮）。乃阮渾（詳下條）、阮咸兄
弟間有關《周易》之論難。其書早亡，不聞其詳。

阮渾，字長成，籍之子，晉太子中庶子，馮翊太守，為《易義》。（釋文引，馬氏輯。）

案：阮渾，《晉書》附其生平於〈阮籍傳〉下。略云：阮籍：子渾，字長成。有父
風，少慕通達，不飾小節。籍謂曰：「仲容已豫吾此流，汝不得復爾！」太康
中爲太子庶子。《隋書‧經籍志》有「《周易論》二卷，晉馮翊太守阮渾撰。」
（官名爲馮翊太守，與傳言太子庶子異，疑先爲太子庶子，後出爲馮翊太守，
《釋文》二爵皆列，是）。所載《周易論》二卷，當是《周易》阮長成阮仲容
《難答論》二卷。《新唐志》不誤，已見阮咸《易義》條，不贅。渾咸《答難》，
皆亡。

楊乂，字玄舒，汝南人，晉司徒左長史，為《易卦序論》。（釋文引，馬氏輯。）

案：楊乂《易卦序論》係就《周易》六十四「卦」，一一依「序」而「論」其得名
之故。其立論則多本於《易》之《象傳》、《說卦》者也。詳見楊乂章。

王濟，字武子，太原人，晉河南尹，為《易義》。（釋文引，馬氏輯。）

案：王濟，《晉書》卷四十二有傳，略云：濟字武子，少有逸才，風姿英爽，氣蓋
一時。好弓馬，勇力絕人，尚常山公主。年二十，起家拜中書侍郎，累遷侍
中，出爲河南尹，坐鞭王官吏免官，尋使白衣領太僕，卒年四十八。濟善於

清言，修飾辭令，諷議將順，朝臣莫能尚焉。然外雖弘雅，而內多忌刻，好以言傷物，儕類以此少之。性豪侈，麗服玉食。本傳及《世說》汰侈篇多載其奢豪事。《傳》又謂濟善《易》及老莊，文詞俊茂。唯所著《易義》，《傳》未言之，史志亦不著錄，唯見於《釋文》所引張璠〈集解序〉。據《三國志‧魏志‧鐘會傳》注引何劭〈王弼傳〉曰：「太原王濟，好談易、老、莊，常云：見弼《易注》，所悟者多。」則亦王弼一派《易》說也。

衛瓘，字伯玉，河東人，晉太保蘭陵成侯，為《易義》。（釋文序，馬氏輯。）

案：衛瓘，《晉書》卷三十六有傳，略云：衛瓘（漢獻帝建安二十五年，西元 220 年生）字伯玉，河東安邑（今山西夏縣）人。弱冠為魏尚書郎，時權臣專政，瓘優游其間，無所親疏。魏陳留王（曹奐，西元 260 年司馬昭所迎立）即位，拜侍中。鄧艾、鍾會之伐蜀也，瓘以本官持節監艾會軍事。蜀既平，艾輒承制封拜；會陰懷異志。瓘收艾，誅會。朝議封瓘，固讓不受。晉武帝篡立（西元 265 年），瓘累遷征北大將軍。都督幽州諸軍事，于時幽幷東有務桓，西有力微，並為邊害。瓘離間二虜，遂致嫌隙，於是務桓降而力微以憂死。瓘以魏立九品，是權時之制，非經通之道，宜復古鄉舉里選。上疏。武帝善之，而卒不能改。惠帝之為太子也。朝臣咸謂純質不能親政事。瓘每欲陳啟廢之而未敢發。後會宴陵雲臺，瓘託醉，因跪帝牀牀前曰：「臣欲有所啟。」帝曰：「公所言何耶？」瓘欲言而止者三。因以手撫牀曰：「此座可惜。」帝意乃悟。因謬曰：「公真大醉耶！」瓘於此不復有言。賈后由是怨瓘。惠帝即位，瓘與汝南王亮共輔朝政。亮奏遣諸王還藩。與朝臣廷議，無敢應者，唯瓘贊其事。楚王瑋由是憾焉。賈后素怨瓘，且忌其方直，不得騁己淫虐，又聞瓘與瑋有隙，遂謗瓘與亮欲為伊霍之事，啟帝作手詔，使瑋免瓘等官。瓘與子恒、嶽、裔及孫等九人同被害，時元康元年（西元 291 年），瓘年七十二。瓘學問深博，明習文藝，與尚書郎敦煌索靖俱善草書，時人號為一臺二妙。其子恆亦善草隸，為《四體書勢》（晉書載其文）。《隋志》所載衛瓘著作，有《喪服儀》一卷、《集注論語》八卷（又載晉懷令衛權注左思三都賦三卷，則衛權之誤），而不及其《易義》，其詳殆不可考。

欒肇字永初，太山人，晉太保掾尚書郎，為《易論》。（釋文引，馬氏輯。）

案：欒肇，《晉書》無傳。其字：《通志堂經解》本《經典釋文》引作「永初」；《史

記‧仲尼弟子列傳‧正義》亦言「肇字永初」，與通志堂本《釋文》同。而《經義考》引陸德明曰：「肇字太初」，疑涉下文「太山」而誤；秦榮光《補晉書藝文志》引《釋文》亦云字「太初」者，則襲用《經義考》致沿其誤也。其里：《釋文》引作「太山」，即「泰山」。而《史記正義》及皇侃《論語疏敘》皆言肇爲「高平」人，未悉孰是。考《晉書‧地理志》有高平國，有泰山郡，地皆在今山東省境。《晉書‧地理志》又云：「惠帝之末，兗州闔境淪沒。元帝僑置兗州，寄居京口，明帝以郗鑒爲刺史，寄居廣陵，置濮陽、濟陰、高平、太山等郡。」蓋值五胡亂華，晉室南遷，人民流離，故其籍里易誤也。其爵：《釋文》引作「太保掾尙書郎」，《隋志》作「尙書郎」，《史記正義》同《隋志》，獨皇侃《論語疏敘》稱「廣陵太守」，或先爲尙書郎，後出守廣陵也。其書名：《隋志》作「《周易象論》，兩《唐志》並作「《通易象論》」，《釋文》引題「《易論》」者，蓋簡稱也。其卷數：《隋志》云「三卷」，兩《唐志》皆云「一卷」。今亡。並其佚文而不得一見。《隋志》於欒肇《周易象論》外，又載其《論語釋疑》十卷，《論語駁序》二卷，皇侃《論語疏》頗引用之。及《欒肇集》五卷，《錄》一卷。

鄒湛字潤甫，南陽新野人，晉國子祭酒，為《易統略》。（釋文引，馬氏輯。）

案：鄒湛《周易統略論》，《釋文》引其二節，大抵宗弼，而譏荀爽釋「箕子」爲「荄滋」之漫衍無經，詳見鄒湛章。

杜育字方叔，襄城人，國子祭酒，為《易義》。（釋文引，馬氏輯。）

案：育，《晉書》無傳。茲據《世說‧品藻篇注》引〈晉諸公贊〉，《太平御覽》卷三八五引《文士博》，及《晉書》賈謐、傅祇、荀晞、劉琨諸傳偶及杜育事，綜其生平如下：杜育字方叔，襄城定陵（今河南省舞陽縣）人。杜襲（魏少府定侯，三國志卷二十三有傳）孫也。育幼便岐嶷，號神童；及長，美風姿，有才藻，時人號曰杜聖（萱案：太平御覽卷三八五引文士傳曰：「杜育童孺，奇才博學，能著文章。心解性達，無所不綜，一時稱爲舞陽杜孔子」）。與渤海石崇、歐陽建、滎陽潘岳、吳國陸機、陸雲、蘭陵繆徵，京兆杜斌、摯虞、琅邪諸葛詮、弘農王粹（晉書賈謐傳值杜育名於此），南陽鄒捷、齊國左思、清河崔基、沛國劉瓌、汝南和郁、周恢，安平索秀，穎川陳眕，太原郭彰，商陽許猛，彭城劉訥，中山劉輿、劉琨，皆附會賈謐，號曰二十四友。惠帝永康元年（西元 300

年），趙王倫篡立，杜育爲常侍。及倫敗，齊王冏收杜育付廷尉（事見晉書傅祇傳）。永興元年（西元 304 年），杜育爲右將軍，嘗遭東海王越（時爲相，專朝政）之攻劫（事見晉書苟晞傳）。二年（西元 305 年），豫州刺史劉喬攻范陽王虓於許昌也，杜育時爲汝南太守，與劉琨率兵救之，未至而虓敗。育累遷國子祭酒。懷帝永嘉五年（西元 311 年），洛陽爲匈奴所圍，將陷，育爲賊所殺。《世說‧品藻篇》記劉令言始入洛，見諸名士而歎曰：「王夷甫太鮮明；樂彥輔我所敬；張茂先我所不解；周弘武巧於用短；杜方叔拙於用長。」其爲時人所稱者如此。《隋志》有晉國子祭酒《杜育集》二卷。其著《易義》，唯見於張璠〈集解序〉，而佚文已不可得見矣。

楊瓚，不知何許人，晉司徒右長史，為《易義》。（釋文引，馬氏輯。）

案：瓚，《晉書》無傳，所著《易義》，史志不錄。皆不得而詳。

張軌字士彥，安定人，涼州刺史，諡武公，為《易義》。（釋文引，馬氏輯。）

案：張軌《周易義》，《釋文》引其「齊斧蓋黃鉞斧也」一條，字作「齊斧」，與子夏、班固、應劭、服虔、張晏、虞喜並同；而與弼本作「資斧」者異。訓「黃鉞斧」，義與班固、蔡邕合。詳見張軌章。

宣騁字幼驥，陳郡人，晉宣城令，為〈通知來藏往論〉。（釋文引，馬氏輯。騁字原作舒，新唐志有「宣騁集」據訂其名。）

案：宣騁，《晉書》無傳。所撰《通知來藏往論》，《隋志》不錄。考《舊唐志》有「《通易象論》一卷宣駛撰」，《新唐志》有「宣聘《通易象論》一卷」。兩《唐志》之《通易象論》；殆即張璠序所載《通知來藏往論》也。書名《通知來藏往論》者，義取上繫「神以知來知以藏往」，又名《通易象論》，則所謂「來往」者爲「《易》象」，其詳不得聞矣。作者名或作「舒」，或作「駛」，或作「聘」，皆「騁」之譌字。《新唐志》有「《宣騁集》三卷」，其名不誤。宣氏名「騁」，故字「幼驥」。若名舒名駛名聘，於字無所取義矣。姚振宗《隋志考證》以爲：「實宣舒，非聘亦非騁也，其所以致誤之由，則以其字幼驥，轉寫脫幼字，又誤以驥爲騁，以騁爲聘耳。」丁國鈞《補晉書藝文志》則以「駛爲騁之譌；騁又舒之譌也。」皆非。《隋志》所錄宣騁著作，子部道家類：「梁有《宣子》二卷，晉宣城令（萱案：當作宣城令，宣宜形似而誤）宣聘（萱案：聘當作騁。）撰。」兩《唐志》亦有「《宣子》二卷宣聘撰」。姚振宗以

「魏晉六朝人以《周易》、《老》、《莊》爲三玄，談玄義者馳騁其說，宣舒所作《通易論》，或亦編入是書中。」《隋志》集部別集類：「梁有《宣舒集》五卷。」《舊唐志》作「《宣聘集》三卷」，《新唐志》作「宣騁集三卷」，實爲一書（吳士鑑補晉書經籍志：「隋志別集類注云：梁有宣舒集五卷。兩唐志正作宣聘集三卷，其後繼以曹志集、郤湛集，與隋志次序相合」），《隋志》「舒」，《舊唐志》「聘」皆「騁」之譌。嚴可均輯《全晉文》據張璠〈周易集解序〉錄《通知來藏往論》之目，及自《通典》九十二錄得其《申袁準從母論》一節，以爲皆《宣舒集》（舒亦當作騁）中所有也。

邢融、裴藻、許適、楊藻，不詳何人，並為《易義》。（釋文引，馬氏輯）。

案：四人史無傳，其書內容亦不可考。

蜂蜜以兼採為味。（文選卷三十八任彥昇爲蕭揚州作薦士表注引張璠易注序。馬氏輯之。）

案：此於修辭屬譬喻。張璠之意，蓋言己兼採二十餘家《易》義以解《周易》，猶蜂蜜以兼採爲味也。

周易上經

≣ 乾下
乾上 **乾**

九二，見龍在田，利見大人。

《集解》：向秀曰：「聖人在位，謂之大人。」（司馬貞史記索隱卷三十六引向秀義：馬氏輯。）

案：已詳向秀章。

文言曰：

九五曰：飛龍在天，利見大人，何謂也？子曰：同聲相應。

《集解》：天者，陽也；君者，陽也。雷風者，天之聲；號令者，君之聲。明君與天地相應，合德同化，動靜不違也。（李鼎祚集解引張璠曰，馬國翰黃奭皆輯。）

案：「天者，陽也」，釋「飛龍在天」之天；「君者，陽也」，釋「利見大人」之大

人。《說卦》：「《乾》爲天爲君」，皆陽也。以下「雷風者天之聲，號令者君之聲。明君與天地相應，合德同化，動靜不違也。」皆釋「同聲相應」之義。張璠既以「天」與「君」相應爲「同聲相應」，故言「雷風者天之聲，號令者君之聲。」云云，謂「雷風」與「號令」相應，乃「明君與天地相應，合德同化，動靜不違。」之徵也。其意與虞翻注此云：「謂震巽也。」「雷風相薄，故相應也。」似有所異（虞謂「雷」與「風」相應。而張謂「雷風」與「號令」相應也）。

雲從龍，風從虎。

《集解》：猶言龍從雲、虎從風也。（史記伯夷列傳集解引張璠曰。孫堂、馬國翰、黃奭並輯之。）

案：張璠之言，既與荀爽升降說（李鼎祚集解引荀爽曰：「龍喻王者，謂乾二之坤五爲坎也。虎喻國君，謂坤五之乾二爲離而從三也，三者下體之君，故以喻國君」），虞翻乾龍坤虎說並異（李鼎祚集解引虞翻曰：「乾爲龍，雲生天，故從龍也。坤爲虎，風生地，故從虎也」）；亦不採《淮南子》、《論衡》、王肅「龍舉雲從虎嘯風生」之說（已詳王肅章）。直以龍從雲，虎從風釋之。蓋以龍虎之爲物也小，雲風之爲物也大；小者當從大，非大者從小也。

☷ 坤下
坤上　**坤**

初六

象曰：馴致其道

《集解》：向秀曰：「馴，從也。」（釋文引，馬氏輯。）

案：已詳向秀章。

文言曰：

易曰：「直方大，不習无不利。」則不疑其所行也。（弼本、集解本皆無「易曰」二字。釋文：「張璠本此上有易曰，眾家皆无。」孫馬黃皆輯之。）

案：「直方大，不習无不利。」爲《坤》六二爻辭。考《坤・文言》上文引《坤》初六爻辭「履霜堅冰至」，上有「《易》曰」二字；下文引《坤》六四爻辭「括囊无咎无譽」，上亦有「《易》曰」二字。依文例此引《易》六二爻辭上亦當有「《易》曰」二字。今眾本皆脫，獨《釋文》引張璠本有之。張本是也。宋

翔鳳《周易考異》及李富孫《易經異文釋》於此條皆無考釋。

坎下
艮上　　蒙

彖：蒙，山下有險，險而止，蒙。

《集解》：楊乂曰：「險而止，山也；險而動，泉也。動靜皆蒙險，故曰山水蒙。」（初學記、太平御覽引楊乂易卦序論，馬氏輯。）

案：已詳楊乂章。

乾下
坤上　　泰

初九，拔茅茹，以其彙，征吉

《集解》：鄒湛曰：「茹，汝據反，牽引也。」（釋文引，馬氏輯。）

案：已詳鄒湛章。

乾下
坤上　　泰

六四，翩翩不富以其鄰。

《集解》：向秀曰：「翩翩，輕舉貌。」（釋文引，馬氏輯。）

案：已詳向秀章。

坤下
震上　　豫

六三，盱豫，悔；遲有悔。

《集解》：向秀曰：「睢盱，小人喜說佞媚之貌也。」（李鼎祚集解引，釋文亦引之，馬輯。）

案：已詳向秀章。

離下
艮上　　賁

初九，賁其趾，舍輿而徒。

象曰，舍輿而徒，義弗乘也。（輿，弼本、李氏集解本作車。釋文：「車，鄭張本作輿。」孫馬黃並輯。）

案：《賁》初九爻辭及《象傳》「舍車而徒」，張璠本車字作輿，從鄭玄也。《說文》：「車，輿輪之總名也。」又：「輿，車輿也。」是車輿義同。

☷☳ 震下
坤上 **復**

六五

象曰：敦復无悔，中以自考也。

《集解》：向秀曰：「考，察也。」（釋文引，馬氏輯。）

案：已詳向秀章。

☰☶ 乾上
艮上 **大畜**

象曰：天在山中，大畜。

《集解》：向秀曰：「止莫若山，大莫若天，天在山中，大畜之象。天為大器，山則極止，能止大器，故名大畜也。」（李氏集解引，馬氏輯。）

案：已詳向秀章。

☴☱ 巽下
兌上 **大過**

彖曰：大過，大者過也；棟橈，本末弱也。

《集解》：向秀曰：「棟橈則屋壞；主弱則國荒。所以橈，由于初上兩陰爻也。初為善始，末是令終，始終皆弱，所以棟橈。」（李氏集解引，馬氏輯。）

案：已詳向秀章。

☵☵ 坎下
坎上 **習坎**

六三，來之坎坎，檢且枕。（釋文：「險，如字，方文及鄭向本作檢。」馬氏輯之。）

案：已詳向秀章。

☵ 坎下 習坎
坎上

上六，係用徽纆，置于叢棘，三歲不得，凶。（置，弼本集解本作寘。釋文：「寘，之豉反，置也。注同。劉作示，言眾議於九棘之下也。子夏傳作湜。姚作實，置也。張作置。」孫馬黃皆輯之。）

案：置於叢棘之置，異文凡五：寘、示、湜、實、置。其字本當作「實」，朱駿聲《說文通訓定聲》：「實，止也，從宀是聲。按字亦作寘，是真雙聲。《易・坎》姚信本『寘於叢棘』注：『寘，置也。』《子夏傳》作湜，叚借字。」據朱氏所言，實爲本字，寘爲重文，置爲詁訓字，湜爲假借字。其字劉表又作示（范寗注穀梁宣二年傳引易作示，同劉表）者，聲亦相近（詩鹿鳴疏云：「示實聲相近」），故可通用（詩鹿鳴「示我周行」箋：「示當作寘。」中庸「其如示諸斯」，鄭注：「示讀如寘河干之寘。」皆示寘古通之證）。張璠本作「置」者，蓋本於王弼之作「寘」，而復以訓詁字「置」以代「寘」耳。

周易下經

☳ 巽下 恆
震上

上六，震恆，凶。

象曰：震恆在上，大无功也。（震，弼本作振。釋文「振，之刃反。馬云：動也。鄭云：搖落也。張作震。」馬孫黃旨輯。）

案：弼本作振，從馬融、鄭玄也。張璠作震，則同虞翻。李鼎祚《集解》引虞翻曰：「在震上，故震恆。」考《說卦》：「震，動也。」是馬融王弼字作振而訓動者，振猶震也，當以震爲本字。《說文》橪篆下引：「《易》橪恆凶。」則字又作橪。馬宗霍《說文解字引易考》謂：「震振皆從辰聲，古音在諄部；橪從耎聲，古音在耆部，諄脂對轉，故三字通假。」

☳ 乾下 大壯
震上

九三，羝羊觸藩。

《集解》：羝羊，殺羊也。（釋文：「羝音低。張云：殺羊也。廣雅云：吳羊曰羝。」孫馬黃皆輯。）

案：《說文》：「羝，牡羊也。」又：「殺，夏羊牡曰殺。」是羝殺皆牡羊之名。張璠云：「羝羊，殺羊也。」殆據《說文》。孔《疏》：「羝羊，殺羊也。」與張璠全同。

蘽其角。（蘽，弼本作羸。釋文：「羸，律悲反，又力追反，下同。馬云：大索也。徐力皮反。王肅作縲，音螺。鄭虞作纍。蜀才作累，張作蘽。」孫馬黃皆輯。）

案：蘽字異文凡五：羸、縲、纍、累、蘽。鄭玄、虞翻作纍，為正字；王肅作縲，為俗體；蜀才作累，為省體；張璠作蘽，為繁文；馬融作羸，為假借。皆已詳於王肅章。

離下
坤上　　明夷

彖曰：明入地中，明夷。內文明而外柔順，以蒙大難，文王似之。利艱貞晦其明也、內難而能正其志，箕子似之。（釋文：「文王以之，鄭荀向作似之，下亦然。」馬氏未輯。）

案：已詳王肅章及向秀章。

離下
坤上　　明夷

六五，箕子之明夷，利貞。

《集解》：鄒湛曰：「荀爽訓箕為荄，詁子為滋，漫衍無經，不可致詰。」
（釋文引，馬氏輯。）

案：已詳鄒湛章。

離下
巽上　　家人

九三，婦子嘻嘻。

象曰：婦子嘻嘻，失家節也。（嘻嘻，弼本、李鼎祚本皆作嘻嘻。釋文：「嘻嘻，喜悲反。馬云笑聲。鄭云驕佚喜笑之意，張作嘻嘻，陸作喜喜。」）

案：《說文》：「喜，樂也，從壴從口。歖，古文喜從欠，與歡同。」陸績本《易·家人》作「喜喜」者，用其初文也。嬉、嘻二字，皆由喜得聲，《說文》並未錄之。古籍嬉多訓戲訓樂。

如：《史記·孔子世家》：「孔子爲兒，嬉戲常陳俎豆。」（廣雅釋詁：「嬉，戲也。」義本此）《魏書·崔光傳》：「因其所眄增發嬉笑。」是也。嘻則訓悲恨之聲。如：《禮·檀弓》：「夫子曰嘻。」鄭玄注：「嘻悲恨之聲。」（大戴禮少閒「公曰嘻」注：「嘻，歎息之聲。」公羊僖元「慶父聞之曰嘻」注：「嘻發痛語首之聲。」左傳定八「從者曰嘻」注：「嘻懼聲。」史記魯仲連傳「噫嘻亦太甚矣」索隱：「嘻者驚恨之聲也。」呂覽行論「聞之曰嘻」注：「嘻怒聲。」意並相近）是也。《易·家人》「嬉嬉」以「喜笑」爲義，則字不當作「嘻嘻」；張璠本作「嬉嬉」，實得之。本字作「僖」，《說文》：「僖，樂也。」段玉裁注：「隸變爲嬉。李注〈洞簫賦〉引《說文》：嬉，樂也。即謂此也。」

䷦ 艮下
坎上　蹇

初六，往蹇來譽。

象曰：往蹇來譽，宜時也。（時，弼本作待，李鼎祚本作待時。釋文：「宜待也，張本作宜時也，鄭本宜待時也。」孫馬黃皆輯。）

案：當依鄭玄（見《釋文》）、虞翻（李鼎祚集解引虞翻：「艮爲時，謂變之正以待四也」）本作「宜待時也」爲是。弼本雖作「宜待也」，而《注》云：「以待其時。」顧炎武《易音》：「鄭本作宜待時也，於韻更切。」惠棟《周易述》亦作「宜待時也」，謂「俗本脫時」。張璠本作「宜時也」，則脫「待」字。待時並從寺聲，二字連書，易脫其一也。

䷩ 震下
巽上　益

《集解》：向秀曰：「明王之道，志在惠下，故取下謂之損，與下謂之益。」（正義引，馬氏輯。）

案：已詳向秀章。

巽下
乾上　姤

九五，以杞包瓜。

《集解》：杞，苟杞。（釋文：「杞音起。張云苟杞。馬云大木也。鄭云柳也。薛云柳柔韌木也。並同。」孫馬黃並輯。）

案：杞之爲物，《易》家凡有二說。馬融曰：「杞，大木也。」（《釋文》引，又見正義引）。鄭玄：「杞柳也。」（《釋文》引）。虞翻：「杞，杞柳，木名。」（李鼎祚所引）。薛虞：「杞，杞柳也。杞性柔韌，宜屈撓，似苞瓜。」（正義引，又見《釋文》引）。程頤：「高木而葉大，處高體大而可以包物者，杞也。」（見易傳）。朱熹：「高大堅實之木。」（見本義）。蓋皆以爲杞柳。楊柳科，落葉喬木，高大而堅實。陸璣《毛詩草木鳥獸蟲魚疏》以爲可「爲車轂」者是也。亦有成叢生若灌木者，以爲人年年刈取枝條以編物故。是以《孟子》云：「以杞柳爲梧棬」。《本草》蘇頌曰：「杞柳生水旁，葉粗而白，木理微赤，可爲車轂；今人取其細條，火逼令柔屈，作箱篋。」此一說也。王弼曰：「杞之爲物，生於肥地者也。」（周易注）。張璠曰：「杞，苟杞。」（《釋文》引）。孔穎達曰：「案王氏云生於肥地，蓋以杞爲今之枸杞也。」（見正義）。史徵曰：「杞，枸杞也，生於肥地。」（口訣義。）蓋皆以爲枸杞，茄科，落葉灌木，實供藥用。此又一說也。張璠以杞爲枸杞，同於王弼，而與馬融、鄭玄、虞翻、薛虞並異。

☷ 坎下
兌上　困

上六，曰動悔，有悔，征吉。

《集解》：向秀曰：「曰動悔，言其無不然。」（釋文引，馬氏輯。）

案：已見向秀章。

☵ 巽下
坎上　井

九三，井渫不食，爲我心惻。

《集解》：向秀曰：「渫者，浚治去泥濁也。」（裴駰史記集解引，馬氏輯。）

璠案：可爲惻然，傷道未行也。然不食，以被任用也。（文選登樓賦注引周易曰：「井渫不食爲我心惻。」鄭玄曰：「謂已浚渫也。猶臣脩正其身，以事君也。」張璠曰：「可爲惻然，傷道未行也。然不食，以被任用也。」又史記屈

原列傳集解引「可爲惻然傷道未行也」句。孫馬黃並輯之。「璠案」二字，依文義增之。）

案：向秀所言，已詳向秀章，此不贅。張璠所解，則詳於此。張璠曰：「可爲惻然傷道未行也」此純言理，意與荀爽「道既不行故我心惻」（李鼎祚所引）同。璠又曰：「然不食以被任用也」者，則與荀爽、王弼並異。荀爽之言曰：「不得據陰，喻不得用，故曰不食。」（李鼎祚所引）。王弼之言曰：「當井之義而不見食，修己全潔而不見用。」（周易注）。疑《文選注》引璠言「以被任用」之「以」當作「不」，不被任用，則與荀爽「不得用」、王弼「不見用」義並同矣。

䷷ 艮下
離上 旅

九四，旅于處，得其齊斧，我心不快。

《集解》：張軌曰：「齊斧，蓋黃銊斧也。」（釋文引，馬氏輯。）

案：已詳張軌章。

繫辭傳上（孫輯無上字，黃與孫同。馬輯上作傳。並非。）

犯違天地之化而不過。（犯違，韓康伯本，李鼎祚本並作範圍。釋文：「範圍，鄭云：範，法也。馬、王肅、張作犯違。張云：範圍，猶裁成也。」孫馬黃並輯。）

《集解》：犯違，猶裁成也。（釋文引，孫馬黃並輯。）

案：「犯違」二字，馬融、王肅、張璠《易》本如此；蓋爲「範圍」二字之假借，故張璠訓「裁成」也。而鄭玄、《九家易》、韓康伯本作「範圍」。其義並已詳王肅章。此不贅。

聖人有以見天下之動，而觀其會通，以行其典禮，繫辭焉，以斷其吉凶，是故謂之爻。

《集解》：會者陰陽合會，若蒙九二也；通者，乾坤交通，既濟是也。
（李鼎祚集解引張璠曰。孫馬黃皆輯之。而置於聖人以此先心條後，蓋以爲上繫末節之注，非也。茲據鼎祚原序次於此。）

案：此張璠言象之例。曰「會者陰陽合會若蒙九二也」者，言蒙卦䷃初六與九二陰陽合會也。考王弼《周易略例・卦略・蒙》卦云：「蒙，此一卦，陰爻亦先

求陽。夫陰昧而陽明。陰困童蒙，陽能發之。……初比於陽則發蒙也。」璠解實取於王弼《略例》。璠又言「通者乾坤交通既濟是也」者，言既濟☵☲初三五爲陽，二四上爲陰，有乾坤交通之象也。其義與陰陽合會無殊。

聖人以此先心。（先，韓康伯本作洗心。釋文：「洗，劉瓛悉殄反，盡也。王肅韓悉禮反。京荀虞董張蜀才作先。石經同。」孫馬黃並輯之。）

案：已詳董遇章。

第九章　晉・干寶：《周易注》

第一節　撰　人

　　干寶字令升，新蔡（今河南省新蔡縣）人也。徙吳郡海鹽（據鹽邑志林本項臯謨跋，海鹽今浙江省海鹽縣）。祖統，吳奮武將軍，父瑩，丹陽丞。寶以才器召爲佐著作郎。平杜弢（杜弢，蜀人，倡亂於兩湖江西一帶，自懷帝永嘉五年，西元 311 年，始亂；至愍帝建興三年，西元 315 年，平定）有功，賜爵關內侯。晉元帝即位（西元 317 年），未置史官。中書監王導上疏，以爲宜建立國史，撰集帝紀。元帝納焉。於是干寶始領國史。以家貧求補山陰令，遷始安太守。王導請爲司徒右長史，遷散騎常侍，領著作。著《晉紀》。《晉書》卷八十二有傳（本文即節錄晉書而成）。

　　干寶少勤學，博覽書記。所著《晉紀》（隋志史記編年類有干寶晉紀二十三卷。舊唐志作二十二卷。新唐志編年類有干寶晉紀四卷；正史類又有干寶晉書二十二卷，蓋重出也），史云「其書簡略，直而能婉」（見晉書本傳）。《文心雕龍》及《史通》亦盛稱之（文心雕龍史傳篇：「至於晉代之書，繁乎著作。陸機肇始而未備，王韶續末而不終。干寶述紀，以審正得序，孫盛陽秋，以約舉爲能。」史通論贊篇：「必擇其善者，干寶、范蔚宗、裴子野，是其最也。」序例篇：「惟令升先覺，遠述丘明，重立凡例，勒成晉紀。」又云：「干寶、蔚宗，理切而多功」）。又撰集古今神祇靈異人物變化，名爲《搜神記》，凡三十卷（隋志史部雜傳類有干寶搜神記三十卷。兩唐志同）。劉惔謂之一鬼之董狐」（見晉書本傳）。並爲《春秋左氏義外傳》（隋志經部春秋類有干寶春秋左氏函傳義十五卷，又干寶春秋序論二卷。姚振宗云：似即春秋函傳之序論）、注《周易》（另詳考證節）、《周官》（隋志經部禮

類有周官禮十二卷，干寶注），作《後養議》（隋志經部禮類有干寶後養議五卷）、《司徒議》（隋志史部職官類有干寶司徒議一卷），有《干子》十八卷（隋志子部儒家類有干子十八卷，干寶撰）、《詩文集》各若干卷（隋志集部有干寶集四卷，又有百志詩九卷，干寶撰）。

第二節　考　證

干寶《易》學著作，《晉書》本傳僅云「注《周易》」，《隋志》所載有《周易》十卷，晉散騎常侍干寶注，又《周易爻義》一卷，干寶撰。梁有《周易宗塗》四卷，干寶撰，《周易問難》二卷，王氏撰，亡。又《周易玄品》二卷，不著撰人。《冊府元龜》云：「干寶為散騎常侍領著作，撰《周易問難》二卷，《周易玄品》二卷，《周易爻義》一卷。」則以《周易問難》，《隋志》云「王氏撰」者，及《周易玄品》，《隋志》不著撰人者，皆歸之干寶。考《隋書》係魏徵、長孫無忌等主撰（據劉知幾史通外篇所載：撰紀傳者為顏師古、孔穎達，撰志者為于志寧、李淳風、韋安仁、李延壽、令狐德棻），貞觀三年（西元 629 年），詔徵等修《隋史》，十年成紀傳，十五年又詔修梁陳齊周隋五代史志，顯慶元年（西元 656 年）長孫無忌上進。而《冊府元龜》乃宋景德二年（西元 1005 年）王欽若等奉敕撰。《冊府元龜》此處記干寶《易》著，蓋自《隋志》抄誤，乃元天曆間海鹽屠曾輯干氏《易注》，明樊維城刻入《鹽邑志林》中，項皋謨跋云：「干令升寶《周易注》十卷、《周易宗塗》四卷、《爻義》一卷、《問難》二卷、《玄品》二卷。」崇其邑先賢（屠曾敘云：「吳晉英舊，以易解聞，吾鹽得兩君子，為陸鬱林公紀、干常侍令升。」鹽邑志林即專輯其邑人舊作），不惜承《冊府元龜》之誤而以《問難》《玄品》屬干寶。清朱彝尊著《經義考》云：「《隋志》：『《周易玄品》二卷』，不注撰人姓名，當即干氏之書，又有王氏《周易問難》二卷，疑譌干為王也。」馬國翰〈周易干氏注輯本序〉亦云：「《冊府元龜》以《問難》《玄品》與《爻義》並屬干寶。然則《玄品》不題姓名，史有缺略，《問難》題王氏，王為干之訛也。」皆為項氏〈跋〉所欺，以至馬鹿誤辨，不亦謬乎。茲據《隋志》，唯以《周易注》、《周易爻義》、《周易宗塗》三書為干寶作。

《周易宗塗》，《隋志》已言其亡，兩《唐志》皆不錄。《周易注》、《周易爻義》、兩《唐志》皆著錄（舊唐志有「周易十卷干寶注」，「周易文義一卷干寶撰」，「文」當作「爻」；新唐志有「周易干寶注十卷，又爻義一卷」）。至《宋史藝文志》，僅載《干寶易傳》十卷，不錄《爻義》。元胡一桂《周易啟蒙易傳》中篇載：「干寶

《周易傳》十卷，復別出《爻義》一卷。宣和四年（西元 1122 年）蔡攸上其書曰：『其學以卦爻配月（胡氏原注：如坎卦爲十一月，乾爻九三，爲正月之類），或以配日時（胡氏原注：如蒙爻初六爲戊寅平明時之類），傳諸人事，而以前世已然之迹證之。訓義頗有所據，若大有九三本《左傳》訓宴享，乃與古合。房審權（宋神宗熙寧間蜀人，集鄭玄以下至王安石易說凡百家，擇取專明人事者編爲百卷，曰周易義海）亦采錄。』是干寶易注及爻義，宋徽宗宣和年間猶存：今則佚矣。惟李鼎祚《周易集解》採用頗多。陸德明《經典釋文》亦偶引之，猶得據而輯其佚文。元屠曾、清孫堂、丁杰、張惠言、馬國翰、黃奭皆有輯本。孫堂輯本係據屠曾輯本補（卷首題：海鹽屠曾體乾輯，平湖孫堂步升補）；黃奭輯本復據孫堂本補（黃奭本大體抄襲孫堂本，並案語亦照錄，唯刪去「堂」字。如坤六五條「周公其猶病諸」下孫本有：「堂案：志林本無此句，今據雅雨本補。」奭本作「案：志林本無此句，今據雅雨本補。」又黃奭所補者，自宋朱震漢上易傳、鄭剛中周易窺餘，李衡周易義海撮要，項安世周易玩辭，明熊過周易象旨決錄，魏濬易義古象通六書中得之。其實此六書皆自集解轉錄，不足爲據也）。丁杰輯本，亦取屠曾輯本爲底本，補正疏謬，張惠言《易義》本依用之（易義別錄序云：「明姚士粦輯干常侍易解三卷，但取李氏集解之文，而又時有疎謬，丁教授杰補正之，頗詳具，今依而錄之。」萱案：鹽邑志林有干常侍易解三卷，題「姚士麟訂閱」，實即屠曾輯本，其書尚錄屠曾六世孫屠勳跋文，可以證明。丁杰張惠言誤以爲姚士麟所輯，非也）。馬國翰輯本，姚振宗云據張氏《易義別錄》本。然《易義別錄》所輯，馬氏本有不輯者（如：大有公用享于天下、中孚吾與爾靡之、既濟六二婦喪其茀、上繫憂悔吝者存乎介，此四條釋文引干注；以及：困初六臀困于株木、上繫悔吝者憂虞之象也、是故易有太極、序卦需者飲食之道，此四條集解引干注：張氏輯之，馬氏皆未輯），則馬氏未見《易義別錄》。且馬氏輯佚書多矣（凡五百八十餘種），皆由古注類書中摘出，何必獨於干寶《易注》取張氏本爲據乎？姚振宗誤矣（姚氏又云：「孫氏漢魏易注據雅雨堂輯錄本。」亦誤。蓋孫氏所據爲志林本，案語每云雅雨堂本者，謂雅雨堂叢書本之周易集解也。雅雨堂未嘗有干氏易注輯錄。姚氏精於目錄，竟有此誤，可笑！）。馬氏蓋逕由《集解》、《釋文》輯錄，而偶有脫漏也。茲編所輯佚文，則綜集孫堂、張惠言、馬國翰、黃奭所輯之大成（於佚文每條下注明之）。

　　以下即由現存干寶《周易注》之佚文，考察干寶於《周易》經傳作者之意見，作《周易注》所據之底本，以及其釋《易》義、《易》象之條例。分別述之於下：

一、干寶之論《周易》作者

《周易》一書，兼容經傳。卦辭、爻辭，經也；上下《彖》、上下《象》、《文言》、上下《繫辭傳》、《說卦》、《序卦》、《雜卦》，傳也（又謂之十翼）。而其初也，則由用蓍而畫卦。

干寶以生用蓍之法者爲伏羲。其說見於《說卦注》。《說卦》：「昔者聖人之作《易》也，幽贊於神明而生蓍，參天兩地而倚數，觀變於陰陽而立卦，發揮於剛柔而生爻……故《易》六畫而成卦。」《集解》引干寶曰：「言伏羲用明于昧冥之中，以求萬物之性。爾乃得自然之神物，能通天地之精而管御百靈者。始爲天下生用蓍之法者也。」是干寶以始爲天下生用蓍之法者爲伏羲也。《說卦》以聖人之作《易》，包括生蓍、倚數、立卦、生爻、六畫成卦。干寶既肯定生蓍者爲伏羲，推其旨意蓋以倚數、立卦、生爻，以至六畫成卦皆爲伏羲。揆諸《繫辭傳》包犧畫卦之說（曰：「古者包犧氏之王天下也，仰則觀象於天，俯則觀法於地。觀鳥獸之文與地之宜，近取諸身，遠取諸物，於是始作八卦」）干寶以昔者聖人即伏羲，殆亦有據。《後漢書·律曆志》引京房《雜試對》：「宓犧作易。」《周易集解》引虞翻曰：「重言昔者，明謂庖犧也。」則京房、虞翻皆主是說。又孔穎達《周易正義·序·論重卦之人》云：「重卦之人，諸儒不同。凡有四說：王輔嗣等以爲伏犧重卦；鄭玄之徒以爲神農重卦；孫盛以爲夏禹重卦；史遷等以爲文王重卦。」則王弼亦以重卦爲伏羲。干寶之說，實承京房、虞翻、王弼，淵源有自也。

卦辭、爻辭作者，干寶未明言之。然觀其注六十四卦，每以殷、周之際史事爲說，則或以爲文王、周公之時所作也。

《易傳》作者，干寶亦未一一言之。唯於《文言》、《序卦》、《雜卦》三者，皆屬於「夫子」。干寶注《乾·文言》曰：「是故乾冠卦首，辭表篇目，明道義之門，在于此矣；猶《春秋》之備五始也。故夫子留意焉。」「夫子留意」云云，蓋以《文言》爲夫子所作也。干寶又注《雜卦》曰：「夫子又爲《序卦》，以明其相承受之義……又重爲《雜卦》，以易其次第。」則明言《序卦》、《雜卦》皆夫子爲之。而「又爲」云云，儻以《彖》、《象》、《文言》、《繫辭傳》、《說卦》亦夫子所爲故乎！蓋自《史記·孔子世家》謂：「孔子晚而喜《易》——《序》、《彖》、《繫辭傳》、《說卦》、《文言》。」《易緯·乾坤鑿度》始言「孔子作十翼」，班固《漢書·藝文志》列舉「孔氏爲之《彖》、《象》、《繫辭》、《文言》、《序卦》之屬十篇。」隋唐之前儒者，無不以十翼爲孔子所作，孔穎達《周易正義·序》所云：「其彖象等十翼之辭，以爲孔子所作，先儒更无異論。」是也。干寶之意，蓋亦與諸先儒同。至於宋歐陽修出，始致疑辭，並詳於佚文節各該條下云。

二、干寶《周易注》所據底本

　　欲知干寶《易注》所據之底本，可由干寶《易注》之異文而推知。考《周易》師法，依《漢書·儒林列傳》所載，大別有六：曰施氏讎、曰孟氏喜、曰梁丘氏賀、曰京氏房、曰費氏直、曰高氏相。而《費易》至漢魏之世，又分爲鄭玄、王弼二家。《隋書·經籍志》云：「梁丘、施氏、高氏，亡於西晉。孟氏、京氏，有書無師。梁、陳，鄭玄、王弼二注，列於國學。」干寶生東晉之世，所見《易》本，不外孟喜、京房、鄭玄、王弼，四家而已。茲一一比較其文字異同於下。

（一）干寶《易注》底本與《孟易》之文字異同

　　《孟易》異文，多存於《說文》（說文序：「其稱易孟氏。」）及《釋文》所引。《說文》引《易》凡七十八處，異文凡三十有九條。如示部禔篆下引《易》曰「禔既平」（坎九五爻辭），禔、弼本作祇；牛部犕篆下引《易》曰「犕牛乘馬」（下繫），犕，韓本作服；辵部遜篆下引《易》曰「以往遴」（蒙初六爻辭），遴，弼本作吝；辵部逑篆下引《易》曰「雜而不逑」（下繫），逑，韓本作越；孔部孰篆下引《易》曰「孰飪」（鼎象傳），孰，弼本作亨；肉部脀篆下引《易》曰「噬乾脀」（噬嗑九四爻辭），脀，弼本作胏；刀部剠篆下引《易》曰「天且剠」（睽六三爻辭），剠；弼本作劓；角部觢篆下引《易》曰「其牛觢」（睽六三爻辭），觢，弼本作掣；虎部虩篆下引「易履虎尾虩虩恐懼」，虩，弼本作愬，冂部隺篆下引《易》曰：「夫乾隺然」（下繫），隺，韓本作確；木部㭕篆下引《易》曰：「重門擊㭕」（下繫），㭕，韓本作柝；木部㮰篆下引《易》曰：「㮰恆凶」（恆上六爻辭），㮰，弼本作振；木部櫠篆下引《易》曰：「重門擊櫠」（下繫），櫠，韓本作柝，出部𣎴篆下引《易》曰：「𣎴𣎴」（困上六爻辭），𣎴𣎴，弼本作臲卼，日部的篆下引《易》曰：「爲的顙」（說卦），的，韓本作的，日部晉篆下引《易》曰：「明出地上晉」（晉象傳），晉，弼本作晉，日部𣅀篆下引《易》曰：「日𣅀之離」（離六三爻辭），𣅀，弼本作昃；日部暵篆下引《易》曰：「燥萬物者莫暵于離」（說卦），韓本作「燥萬物者莫熯乎火」；兩部兩篆下引《易》曰「參天兩地」（說卦），韓本兩作兩，七部𦟔篆下引《易》曰「𦟔其限」（艮九三爻辭），弼本𦟔作艮；衣部裕篆下引《易》曰：「有孚裕無咎」（晉初六爻辭），弼本作「罔孚裕无咎」；馬部駒篆下引《易》曰：「爲駒顙」（說卦），韓本駒作的；馬部驙篆下引《易》曰：「乘馬驙如」（屯六二爻辭），弼本驙作邅；黑部黷篆下引易曰「再三黷」（蒙卦辭），弼本黷作瀆；壺部壹篆下引易曰「天地壹壹」（下繫），韓本壹壹作絪緼；

本部靴篆下引易曰：「靴升大吉」（升初六爻辭），弼本靴作允；心部惡篆下引易曰：「泣涕漣如」（屯上六爻辭），弼本作「泣血漣如」；川部㳅篆下引易曰：「包㳅用馮河」（泰九三爻辭），弼本㳅作荒；手部抍篆下引易曰：「抍馬壯吉」（明夷六二爻辭），抍，弼本作拯；手部扐篆下引易曰：「再扐而後卦」（上繫），韓本卦作掛。糸部絮篆下引易曰：「需有衣絮」（既濟六四爻辭），弼本需作繻；田部畬篆下引《易》曰：「不菑畬田」（无妄六二爻辭），弼本作「不菑畬」；車部輹篆下引《易》曰：「輿脫輹」（小畜九三爻辭），弼本脫作說：以上《說文》引《孟易》異文，《釋文》均不言干寶與王弼韓康伯注本有何異同。疑干寶皆同王韓，不從《孟易》也。又《說文》丌部巺篆下引「此《易》巺卦為長女為風者」；《周易集解》姤九五下引干寶曰：「巽為草木」，是巺字干寶作巽。《說文》夕部夤篆下引《易》曰：「夕惕若夤」（乾九三爻辭）；《周易集解·下繫》「无有師保如臨父母」下引干寶曰：「夕惕若厲」，是夤字干寶作厲。《說文》宀部寷篆下引《易》曰：「寷其屋」（豐上六爻辭）；《周易集解》豐上六下引干寶曰：「故曰豐其屋」，是寷字干寶作豐。《說文》文部斐篆下引《易》曰：「君子豹變其文斐也」（革上六象傳）；《周易集解》革上六下引干寶曰：「豹虎之屬蔚炳之次」，是斐字干寶作蔚也。《說文》心部忼篆下引《易》曰「忼龍有悔」（乾上九爻辭）；《周易集解》乾上九下引干寶曰：「亢過也」，是忼字干寶作亢。以上《周易集解》引干寶《易注》，文字與《說文》所引《孟易》異文悉異，而與王韓《易》本並同。再者，《釋文》引孟易凡九。如《咸》上六「咸其輔頰舌，《釋文》引「頰，孟作俠」；《晉》，《釋文》引「晉，孟作齊」；《晉》六五「失得勿恤」，《釋文》引「失，孟、馬、鄭、虞、王肅本作矢」；《豐》六二「日中見斗」，《釋文》引「見斗孟作見主」；《豐·象傳》「日中則昃」，《釋文》引「昃孟作稷」，《下繫》「象也者像也」，《釋文》引「像，孟、京、虞、董，還作象」；《乾·文言》「利物足以和義」，《釋文》引「利物，孟喜、京房、陸績作利之」：並不言干寶與王弼韓康伯注本有何異同。疑干寶悉同王韓，不從《孟易》也。又《豐》上六「闃其无人」，《釋文》引「闃，孟作窒」；《周易集解》引干寶曰：「闃，无人貌也。」是《孟易》「窒」干寶作「闃」，與弼本同。又《下繫》「古者包犧氏之王天下也」，《釋文》引「包，孟京作伏；犧，孟京作戲。」干寶《易》本此句何作不可知；然《周易集解·說卦》下有干寶曰：「言伏羲……」云云，字作「伏羲」。伏字同孟異韓，羲字異孟同韓。考《釋文》：「包，鄭云取也。犧，鄭云鳥獸全具曰犧。」是引鄭玄字作「包犧」，而《尚書·序·正義》引鄭玄云：「女媧修伏犧之道。」字又作「伏犧」，又孔穎達《正義·下繫》下云「包羲」而《說卦》下云「伏羲」；則干寶於說卦言「伏羲」不

足以證明其於《下繫》亦必作「伏羲」。或《下繫》文亦作「包羲」，與韓本同，猶鄭玄作「包犧」又作「伏犧」，《正義》作「包羲」又作「伏羲」之例也。又《集解》於豐上六象傳「天際祥也」下引孟喜曰：「天降下惡祥也。」又引干寶曰：「天示其祥。」弼本祥作翔。是則干寶從孟異弼。綜上所述：《說文》、《釋文》及《集解》所引《孟易》異文，可資與干寶《易》相較之字凡九；除「伏戲」二字外，與干寶同者一：祥（弼作翔），與干寶異者六：霽夤豐斐忼窒。而此六字干寶悉同王韓作巽屬豐蔚忼闃，干寶《易注》底本必非孟氏本，固可知矣。

（二）干寶《易注》底本與《京易》之文字異同

　　《京易》異文，多存於《釋文》；晁說之《易詁訓傳》及呂祖謙《古易音訓》亦頗引之。茲據馬國翰《玉函山房輯佚書》摘錄，以資與干寶本比較如下：蒙九二「包蒙吉」，包京氏作彪，《小畜》上九「尚德載」「月幾望」，德京氏作得，幾京氏作近；《謙》六四「无不利撝謙」，撝京氏作揮，《豫》六三「盱豫悔」，盱京氏作汙，九四「朋盍簪」，簪京氏作撍，六四「剝牀以膚」，膚京氏作簠，上九「君子德輿」，德京氏作得，《復》「朋來无咎」，朋京氏作崩，《頤》初九「觀我朵頤」，朵京氏作揣（此據釋文，集韻引作端字）；《坎》六四「納約自牖」，納京氏作內；《離》九三「則大耋之嗟凶」，耋京氏作絰；《咸》九四「憧憧往來」，憧京氏作㠩；《明夷》六二「夷于左股」，夷京氏作睞；《睽》上九「先張之弧後說之弧」，弧京氏作壺；《困》九五「劓刖」，刖京氏作一劓；《革》九五「大人虎變」，上六「君子豹變」，變京氏作辨；《鼎》九四「其形渥」，京氏作其刑劇；《艮》六二「不拯其隨」，拯京氏作承；九三「列其夤」，夤京氏作胗，「厲薰心」，薰京氏作熏，《歸妹》六三「歸妹以須」，須京氏作嬬；《中孚》六四「月幾望」，幾京氏作近；《既濟》六四「繻有衣袽」，袽京氏作絮，《謙・象傳》「鬼神害盈而福謙」，福京氏作富，《豫・象傳》「而四時不忒」，忒京氏作貸，《豫・象傳》「殷薦之上帝」，殷京氏作隱，《觀・象傳》「觀國之光尚賓也」，尚京氏作上，《解・象傳》「君子以赦過宥罪」，宥京氏作尤，《上繫》「旁行而不流」，流京氏作留，「聖人有以見天下之賾」，賾京氏作嘖，「以行其典禮」，典京氏作等；「再扐而後掛」，掛京氏作卦，是故可與酬酢，酢京氏作醋，「六爻之義易以貢」，貢京氏作工，「聖人以此洗心」，洗京氏作先，《下繫》「象也者像也」，像京氏作象，《文言》「利物足以和義」，物京氏作之，《說卦》「坎為豕」京氏作彘，「為瘠馬」，瘠京氏作柴，「為吝嗇」，吝京氏作遴，「為鼻足」，鼻京氏作朱，「為矯輮」，輮京氏作柔，「為蠃」，蠃京氏作螺，「為果蓏」，蓏京氏作墮，《雜卦》「謙輕而豫怠也」，怠京氏作治：

以上凡四十七條，《釋文》皆不言干寶本與王弼韓康伯注本有何異同。疑干寶悉同韓，不從《京易》也。又如：「坎」，《釋文》云「京作欿」；而《集解》引干寶注「坎，十一月卦也。」字作「坎」。《中孚》九二「吾與爾靡之」，《釋文》云：「靡，干同，京作劘。」《坎‧象傳》「水洊至」，《釋文》：「洊，京作臻；干作荐。」《下繫》：「古者包犧」，《釋文》：「包，孟京作伏；犧，孟京作戲。」而《集解》引干寶注作「伏羲」（詳上文與孟易之比較）。《文言》「君子體仁」，《釋文》：「體仁，京房作體信。」而《集解》引干寶注曰：「然則體仁正己……」字作「仁」。以上「坎、靡、洊、包、犧、仁」六字。干寶本於「坎、靡、仁」三字皆同王弼韓康伯本；而與京房作「欿、劘、信」者異。「荐」字亦近弼本「洊」字而與京本「臻」字大異。唯「伏羲」一詞與京作「伏戲」，韓作「包犧」並異。然干寶言「伏羲」見於《說卦》注，非明引《下繫》文，猶不足證其《下繫》文必作「伏」字也（說詳上文與孟易比較）。綜上所述，京氏異文可資與干寶《易》相較者六。除「伏羲」二字存疑；與干寶同者無，與干寶異者：欿劘臻信四字。而此四字中「坎靡仁」三字干寶悉同王韓，干寶《易注》底本必非京氏本，亦可知矣。

（三）干寶《易注》底本與《鄭易》之文字異同

《鄭易》佚文，輯者多矣（據胡自逢君周易鄭氏學所載，始於宋王伯厚〔應麟〕；踵其後者，有明人胡孝轅〔震亨〕、姚士粦、清元和惠氏〔棟〕、歸安丁小雅〔杰〕、鄞縣袁陶軒〔鈞〕、平湖孫步升〔堂〕、曲阜孔廣林、武進張惠言、甘泉黃奭九家。各有專著互見短長云），而以胡自逢君《周易鄭氏學》論文中所輯晚出而最精，茲據以摘錄其異文，以資與干寶本比較如下：《乾‧文言》「亢龍有悔窮之災也」，之鄭作志，「乾始能以美利利天下」，能鄭作而，「與日月合其明」，合鄭作齊，《屯》六二「乘馬班如」，班鄭作般；「匪寇婚媾」，構鄭作冓，六三「君子幾不如舍」，幾鄭作機；《蒙》上九「擊蒙」，擊鄭作繫，《需》九二「需于沙」，沙鄭作沚，九三「致寇至」，寇鄭作戎，《訟》「有孚窒」，窒鄭作咥，九二《象》「患至掇也」，掇鄭作惙，上九「終朝三褫之」，褫鄭作拕，師九二「王三錫命」，錫鄭作賜，《比》九五「王用三驅」，驅鄭作毆；《小畜》九三「輿說輻」，輻鄭作輹，《履》「虎尾不咥人」，咥鄭作噬，上九「視履考祥」，祥鄭作詳；《泰》初九「拔茅茹以其彙」，彙鄭作夤；《否》九四「疇離祉」，疇鄭作𢐕，《同人》九四「乘其墉」，墉鄭作庸；《大有》九四象「明辨皙也」，皙鄭作遰，《謙‧象》「君子以裒多益寡」，裒鄭作捊；《豫》六二「介于石」，介鄭作砎；《賁》初九「舍車而徒」，車鄭作輿；《象》「義弗乘也」，弗鄭作不；六四「賁如皤如」，皤鄭作燔，《復》

六三「頻復」，頻鄭作顰，上六「有災眚」，災鄭作烖，《大畜》六四「童牛之牿」，牿鄭作梏，《大過》九二「枯陽生梯」，梯鄭作荑；《習坎》上六「係用徽纏」，係鄭作繫；《離》九三「不鼓缶而歌」，鼓鄭作擊，九四「突如」，突鄭作𡧳，六五《象》「離王公也」，《離》鄭作麗，《咸》上六《象》「滕口說也」，滕鄭作媵；《恆》初六「浚恆」，浚鄭作濬，九三「不恆其德或承之羞」，或鄭作咸；《大壯》九三「羸其角」，羸鄭作累；上六《象》「不詳也」，詳鄭作祥，《晉・象》「君子以自昭明德」，昭鄭作照；九四「晉如鼫鼠」，鼫鄭作碩；六五「先得勿恤」，失鄭作矢；《明夷》六二「夷於左股」，夷鄭作睇；《家人》九三「家人嗃嗃」，嗃鄭作熇；《睽》六三「其牛掣」，掣鄭作挈；上九「後說之弧」，弧鄭作壺；《解・象》「百果草木皆甲坼」，坼鄭作宅；《損・象》「君子以懲忿窒欲」，懲鄭作徵，窒鄭作懫；《夬》九三「壯於頄」，頄鄭作額；九四「其行次且」，次且鄭作趑趄；《姤》卦之姤，鄭作遘，《姤・象》「后以施命誥四方」，誥鄭作詰；《困》九二「朱紱方來」，紱鄭作韨；《鼎》九四「其形渥」，渥鄭作剭；《艮》九三「列其夤」，夤鄭作臏；《歸妹》上六「女承筐无實」，筐鄭作匡；《豐》初九「遇其配主」，配鄭作妃；六二「豐其蔀」，蔀鄭作菩；九三「日中見沬」，沬鄭作昧；《旅》九四「得其資斧」，資鄭作齊；《兌・象》「麗澤兌」，麗鄭作離；《小過》六五《象》「已上也」，上鄭作尙；《上繫》「所樂而玩者」，玩鄭作翫；「原始反終」，反鄭作及；「故君子之道鮮矣」，鮮鄭作尟，「藏諸用」，藏鄭作臧；「議之而後動」，議鄭作儀；「冶容誨淫」，冶鄭作野；「極深而研幾」，幾鄭作機；「又以尙賢也」，又鄭作有；《下繫》「若夫雜物撰德」，撰鄭作算；《說卦》「為工」，工鄭作墨；「為廣顙」，廣鄭作黃；「為黔」，黔鄭作黗；「為羊」，羊鄭作陽；《序卦》「有大者不可以盈」，者鄭作有；「物不可以久居其所」，久居鄭作終久於；《雜卦》「損益盛衰之始也」，盛衰鄭作衰盛；「蠱則飭也」，飭鄭作飾；「小人道憂也」，憂鄭作消。以上凡七十九條，《釋文》皆不言干寶本與王弼韓康伯本有何異同，疑干寶悉同王韓，不從鄭玄也。又《乾・文言》「利貞者性情也」，《集解》引干寶注：「以施化利萬物之性；以純一正萬物之情。」先「性」字後「情」字與弼本同，而《晁氏易》云「鄭作情性」，是干異鄭也。《習坎》六三「險且枕」，《集解》引干寶注：「險且枕者，言安忍以暴政加民。」與弼本字同；而《釋文》云「險鄭向本作檢」，是干異鄭也。《豐》九三「豐其沛」，《釋文》云：「鄭干作旆。」是鄭干同也。上六象「天際翔也」，《釋文》云「翔鄭王肅作祥」，《集解》引干寶注：「天示其祥。」是干同鄭也。又「自藏也」，《釋文》，「藏，眾家作戕，馬王肅云殘也；鄭云傷也。」《集解》引干寶注「故王者之『亡』其家也」云云，則干寶必作「戕」而訓亡，字同鄭玄

也。《下繫》「以待暴客」，《集解》引干寶曰：「卒暴之客爲奸寇也。」字作暴與韓本同；《釋文》云：「暴鄭作虣」，是干異鄭也。《說卦》「爲專」，《釋文》：「專，王肅音孚；干云……。本又作專，虞同，姚云專一也，鄭市戀反。」是干字作「專」同王肅及韓康伯本；而鄭字作「專」。「爲科上槁」，《釋文》：「槁，鄭作藁，干作熇。」是鄭本、干本、韓本字並異也。綜上所述，鄭氏《周易》異文可資與干寶易相較者凡八處。其中「苐、祥、牂」三字，干寶皆從鄭而異弼，「性情、險、暴、專」四處，干寶從弼而異鄭，「熇」字則與鄭玄、韓康伯並異。干寶《易注》蓋偶亦用鄭玄本訂正也。

（四）干寶《易注》底本與王弼、韓康伯本之文字異同

《釋文》引干寶注凡十四條。其中《大有》九三「公用亨于天子」，亨字干寶與京、姚、弼並同；《井》六四「井甃无咎」，甃字干寶與子夏、馬、弼並同；上繫「憂悔吝者存乎介」，介字干寶與王肅、韓康伯並同；「懼斯術也」，懼字干寶與鄭玄、韓康伯並同。計四條無可較，存而勿論外，其餘十條，則文字異同，可以比較而知。如：《需‧大象》：「雲上于天」，《釋文》引干寶「上升也」；又引王肅本作「雲在天上」：是干同弼而異肅。《大有》九四「匪其彭」，《釋文》引干云「彭亨驕滿貌」；又引子夏作旁，虞作尩：是干同弼而異子夏、虞翻。《坎‧大象》「水洊至」，《釋文》云洊「干作荐，京作臻」，是干近弼而異京。《井》上六「井收勿幕」，《釋文》云「干本勿作网」，勿网音義並近。《豐》九三「豐其沛」，《釋文》引「本又作旆，子夏鄭干作苐」，是沛多異文，干從鄭氏而異王弼。《中孚》九二「吾與爾靡之」，《釋文》云：「靡本又作麋，干同。陸作縻，京作劘。」是干同弼而異京陸。《既濟》六二「婦喪其茀」，《釋文》云：「茀，首飾也；馬同；干云馬髴也，鄭云車蔽也。子夏作髢。荀作紱。董作髴。」是干字同馬鄭王弼，而異子夏荀董。《說卦》「爲龍」，《釋文》云：「龍，虞干作駹。」是干同虞而異弼。又「爲專」，《釋文》云：「專，干云花之通名……本又作專，虞同，姚云專一也，鄭市戀反。」是干異虞、姚、鄭，而韓康伯同干。又「爲科上槁」，釋文「槁，鄭作藁，干作熇。」是干與鄭玄、王弼並異。以上十條，干寶從弼者五（雲上于天、匪其旁、吾與爾靡之、婦喪其茀、爲專）；與眾皆異者三（水荐至、井收网幕、爲科上熇）；異弼同鄭者一（豐其苐）；異弼同虞者一（震爲駹）。干寶《易注》底本蓋多從弼而偶有所改也。茲更將孟喜、京房、鄭玄、王弼（韓康伯）、干寶五家異文列表於下：

章　節	原　文	孟喜	京房	鄭玄	王弼韓康伯	干寶	備　註
乾九三爻辭	夕惕若「厲」	夤			厲	厲	說文作夤。
乾上九爻辭	「亢」龍有悔	忼			亢	亢	說文作忼
乾文言	君子體「仁」		信		仁	仁	京房荀爽董遇作信。
乾文言	「性情」也			情性	性情	性情	
大有九四爻辭	匪其「彭」				彭	彭	子夏作旁;虞翻作尩。
坎卦名	坎	坎	欿		坎	坎	本亦作埳;京劉作欿。
坎象傳	水「洊」至		臻		洊	荐	
坎六三爻辭	「險」且枕			檢	險	險	古文及鄭玄向秀作檢。
井上六爻辭	井收「勿」幕				勿	网	
革上六小象	其文「蔚」也	斐			蔚	蔚	說文作斐
豐九三爻辭	豐其「沛」			芾	沛	芾	本或作旆、子夏作芾。
豐上六爻辭	「豐」其屋	寷			豐	豐	說文作寷。
豐六爻辭	「闃」其无人	窒			闃	闃	姚信作閴。
豐上六象傳	天際「翔」也	祥		祥	翔	祥	王肅亦作祥。
豐上六象傳	自「藏」也			戕	藏	戕	馬融王肅亦作戕。
巽卦名	巽	巺			巽	巽	
中孚九二爻辭	吾與爾「靡」之	靡	劘		靡	靡	本又作麋,埤蒼作縻,陸績作縻。
既濟六二爻辭	婦喪其「茀」			髴	茀	茀	馬融作芾,子夏作髴,荀爽作紱,董遇作髢。
繫辭傳下	古者「包犧」氏	伏戲	伏戲	包犧	包犧	伏羲	干寶「伏羲」字非明引易文。

繫辭傳下	以待「暴」客			疏	暴	暴	
說卦	爲「龍」				龍	駹	虞翻作駹。
說卦	爲「尃」			專	尃	尃	王肅作旉，虞姚作專。
說卦	爲科上「槁」			稾	搞	熇	
統　計	同干寶字數	4	1	4	16		干寶同京房者一字：伏羲之伏。孟喜京房「伏羲」並作「伏戲」。
	異干寶字數	7	5	8	9		
	異同之差數	−3	−4	−4	＋7		

　　總之，干寶《易注》，採王弼本爲底本，而偶用孟喜、鄭玄本訂正弼本，不從京房本。

三、干寶《周易注》之釋《易》義

　　干寶《周易注》釋《易》義之內容，有解字義者，有言章法者。其闡《易》旨，好託於人事而明其義理。其所根據：或以《易》解《易》；或以他書解《易》；或從前賢之說解《易》；喜用史事以證《易》，尤好以殷周之際史事以證《易》義。茲分別說明如下。

（一）首論干寶《周易注》之內容

1. 解字義之例

　　干寶注解《周易》字義，有釋名詞術語者。如：《乾》初九注：「位始故稱初。」《坤》六五注：「剝者，反常道也。」《坤》上六注：「郭外曰郊，郊外曰野。」《乾·象傳》注：「言君子，通之於賢也。凡勉強以進德，不必須在位也。」《革》上六注：「君子，大賢，次聖之人。」《歸妹》注：「歸妹，衰落之女也。」《既濟》九三注：「鬼方，北方國也。」是也。

　　有純屬字義訓詁者，如：《坤·文言》注：「光，大也。」《賁》上九注：「白，素也。」《坎》六三注：「枕，安也。」《井》九三注：「惻，傷悼也。」《震》六二注：「貝，寶貨也。」《豐·上六》注：「闃，无人貌也。」《旅》六五注：「逮，安也。」《既濟》六二注：「茀，馬髦也。」《下繫》「大衍之數五十」注：「衍，合也。」

又「以待暴客」注：「卒暴之客為奸寇也。」《說卦》「幽贊於神明」注：「幽，昧，人所未見也；贊，求也。」「為駁」注：「駁，雜色。」《序卦》「禮義有所錯」注：「錯，施也。」是也。

有言其假借者。如：《蒙》初六注：「說，解也。」蓋以說假為脫也。

有言其喻意者，如《下繫》「謙德之柄也」注：「柄所以持物，謙所以持禮者也。」蓋以柄譬喻謙也。

復有釋詞語者，如《下繫》「辨物正言斷辭」注：「辨物，辨物類也；正言，言正義也；斷辭，斷吉凶也。」

所釋字義，多有依據，另詳下文。

2. 言章法之例

如：《上繫》「是故《易》有太極是生兩儀」注：「發初言『是故』，總眾篇之義也。」《下繫》「是故易者象也」注：「言是故，又總結上義也。」又「《易》之為書也」注：「重發《易》者，別殊旨也。」《序卦》「有上下然後禮義有所錯」注：「上經始於乾坤，有生之本也；下經始於咸恆，人道之首也。」《雜卦》注：「凡《易》既分為六十四卦以為上下經，天人之事，各有始終，夫子又為《序卦》，以明其相承受之義。」又：「夫子又重為《雜卦》，以易其次第。《雜卦》之末，又改其例，不以兩卦反覆相酬。」皆言章法者也。

3. 闡《易》旨之例

干寶注《乾》九三「君子終日乾乾」云：「爻以氣表，繇以龍興，嫌其不關人事，故著君子焉。」特拈出「人事」二字。又注《下繫》「精義入神以致用也」云：「能精義理之微，以得未然之事，以涉于神道而逆禍福也。」特拈出「義理」二字。蓋干寶於《易》象之外，亦喜託人事而闡其義理也。

考《周易》思想之基礎，似有二端。一曰：以個人生命之來源為根據，而類推及其他事物之來源。二曰：以其他事物之現象為根據，而類推及個人行為之法則。干寶於此二端均有所體認。其言人事義理，即由此二基論出發。及其至也，則成德而無過。

個人生命之來源，蓋由於男女，故一切人事，皆以夫婦之道為起點。干寶注《序卦》「有上下然後禮義有所錯」曰：「人有男女陰陽之性，則自然有夫婦配合之道；有夫婦配合之道，則自然有剛柔尊卑之義。陰陽化生，血體相傳，則自然有父子之親；以父立君，以子資臣，則必有君臣之位；有君臣之位，故有上下之序；有上下之序，則必禮以定其禮，義以制其宜。明先王制作，蓋取之於情者也。」即由夫婦而推出父子、君臣、上下；以為先王制作，蓋取之於是也。個人生命既

源於男女，推之宇宙，亦有二原理存焉。其男性之原理曰陽；其女性之原理曰陰。陰陽即男女，男女猶陰陽也。干寶注《下繫》「男女搆精，萬物化生」，發此義曰：「男女猶陰陽也，故萬物化生。不言陰陽而言男女者，以指釋《損》卦六三之辭主於人事也。」男女交而生子，陰陽合而功成。干寶注《坤》上六發此義曰：「陰陽離則異氣，合則同功；君臣夫妻，其義一也。」陰陽之代表爲乾坤，故坤與乾合德方亨，干寶注《坤》卦辭曰：「陰氣之始，婦德之常，故稱元；與乾合德，故稱亨。」凡此數條，蓋皆以個人生命基於男女，而類推天地萬物亦基於陰陽二原理也。

《周易》既以個人生命之來源爲根據而類推天地萬物之來源，即認定個人生命與宇宙現象，其理相通。故人類可由宇宙現象吸取教訓。干寶注《下繫》「神无方而《易》无體」曰：「否泰盈虛者，神也；變而周流者，《易》也。言神之鼓萬物无常方；《易》之應變化无定體。」可證干寶於此點實有所認識。是以見「天之鼓物，寒暑相報」，而明「聖人治世，威德相濟」（乾上九干注）。見「天地將閉」，而悟「賢人必隱」（坤六四干注）。見「天道窮至于陰陽相薄也」，而戒「君德窮至于攻戰受誅也」（坤上六象傳干注）。見「四時之變懸乎日月」，知「聖人之化成乎文章」；由「觀日月而要其會通」，曉「觀文明而化成天下」（皆賁卦干注）。見「雷薄干澤，八月九月將藏之時也。」而知「君子象之，故不敢恃當今之虞而慮將來之禍也。」（歸妹象干注）。非但天也，於地亦然。見「江河淮濟百川之流，行乎地中，水之正也；及其爲災，則泛濫平地而入於坎窞，是水失道也。」而感「刑獄之用，必當於理，刑之正也；及其不平，則枉濫无辜，是法失其道也，故曰入于坎窞凶矣。」（坎初六干注）。見「井以養生」，知「政以養德，无覆水泉而不惠民，无蘊典禮而不興教。」（井上六象傳干注）。非但天地也，萬物皆然。見「鉉鼎得其物」，而悟「施令得其道」（鼎九五干注）。見「鼎主亨飪，不失其和；金玉鉉之，不失其所。」乃悟「公卿仁賢，天王明聖之象也；君臣相臨，剛柔得節，故曰吉无不利也。」蓋皆由天地萬物所生現象而類推人類行爲之法則也。

人類既由宇宙現象吸取道德教訓，於是可以寡過。孔子云：「假我數年，五十以學《易》，可以無大過矣。」即以《周易》爲寡過之書也。干寶之注《周易》，於悔吝之爻，則言藏器俟時，防禍先幾。故其注《坤》初六曰：「藏器于身，貴其俟時，故陽在潛龍，戒以勿用。防禍之原，欲其先幾，故陽在三泉，而顯以履霜也。」能如此則終能元吉，故其注《坤》六五曰：「當總己之任，處疑僭之間，而能終元吉之福者，由文德在中也。」反之則身受其害，故其注《節》上六曰：「以苦節之性而遇甘節之王必受其誅。」也。於順利之卦，則言順天化物，利民定俗，

且著戒懼之詞。故其注《乾‧文言》曰：「然則體仁正己，所以化物；觀運知時，所以順天；器用隨宜，所以利民；守正一業，所以定俗也。亂則敗禮，其教淫，逆則拂時，其功否；錯則妨用，其事廢；忘則失正，其官敗。」注《師‧彖傳》曰：「五刑之用，斬刺肌體；六軍之鋒，殘破城邑，皆所荼毒奸凶之人，使服王法者也。故曰以此毒天下而民從之。毒以治民，明不獲己而用之，故于象象六爻皆著戒懼之辭也。」能如此則雖屬猶光，其注《夬‧彖傳》曰：「應天順民，以發號令，故曰孚號；以柔決剛，以臣伐君，君子危之，故曰有屬；德大而心小，功高而意下，故曰其危乃光也。」否則必有滿盈之悔，故其注《乾》上九曰：「武功既成，義在止戈。盈而不反，必陷于悔。」也。總之，君子之行，宜合中和，故干寶注《乾‧文言》「君子以成德爲行」曰：「君子之行，動靜可觀，進退可度，動以成德，无所苟行也。」而吉凶在事不在爻，故干寶注《下繫》「文不當故吉凶生焉」曰：「其辭爲文也。動作云爲，必考其事，令與爻義相稱也。事不稱義，雖有吉凶，則非今日之吉凶也。」蓋干寶於《周易》退省、進修、中和之義（吾師大冶程旨雲先生於國學概論第二章「經學」第三節「群經分述」甲條「易經」中嘗析「象辭與修養」之義，略云：「大抵順利之卦，君子皆效法向上，及時進德修業。」「悔吝之卦，君子則退省補過，居易俟命。」「啓示吾人保合太和，不失其正之修養方法也。」本段之述干寶寡過之說，即依程師退省、進修、中和之目。爰註於此。以誌師教不忘），亦嘗三致意焉。

（二）次述干寶《周易注》釋《易》義之依據

1. 依《周易》以解《周易》之例

（1）據卦辭以爲注

《噬嗑》初九「屨校滅趾」，干寶《注》：「顧震知懼」，蓋本《震》卦辭「震驚百里」以爲注（震象傳：「驚震百里，驚遠而懼邇也。」象傳：「洊雷震，君子以恐懼脩省。」皆本卦辭）。

（2）據爻辭以爲注

《夬‧彖傳》「孚號有屬其危乃光」，干寶《注》：「夬九五則飛龍在天之爻也。」案「飛龍在天」，《乾》九五爻辭也，引以爲注。

《升》九二《象》「九二之孚有喜也」，干寶《注》：「故《既濟》九五曰：『東鄰殺牛不如西鄰之禴祭，實受其福。』」是明引爻辭以注《象傳》也。

《下繫》「无有師保如臨父母」，干寶《注》：「外爲丈夫之從王事，則夕惕若屬；內爲婦人之居室，則无攸遂也。」案：「夕惕若屬」爲乾九三爻辭：「無

攸遂」爲《家人》六二爻辭。引之以證《繫》旨不背於經。

《下繫》「文不當故吉凶生焉」，干寶《注》：「故於經則有君子吉小人否。」
案：「君子吉小人否」爲《遯》九四爻辭。引之以證《繫》旨本於爻辭。

（3）據《文言》以爲注

《乾》九四「或躍在淵」，干寶《注》：「或之者，疑之也。」案：爲《文言》
文。

《乾》九四「飛龍在天利見大人」，干寶《注》：「聖功既就，萬物既睹。」案：
本《文言》「聖人作而萬物睹」之意，而增二「既」字，刪一「而」字。

《坤》初六「履霜堅冰至」，干寶《注》：「防禍之原，欲其先幾。」案：本《文
言》「積不善之家，必有餘殃。臣弑其君，子弑其父，非一朝一夕之故，
其所由來漸矣，由辯之不早辯也。」之意。

《坤》六二「直方大不習无不利」，干寶《注》：「臣道也，妻道也。臣貴其直，
義尙其方，地體其大，故曰直方大。」又象「不習无不利地道光也」
注：「女德光于夫，士德光于國也。」皆本《文言》「臣道也，妻道也。」
而立論。

《坤》六三「含章可貞，或從王事，无成有終」，干寶《注》：「不失其柔順之
正。」蓋本《文言》「坤至柔」及「坤道其順乎」之意。兼合《象》旨
（另詳「據象傳以爲注」）。

《坤》六四「括囊无咎无譽」，干寶《注》：「天地將閉，賢人必隱。」蓋本《文
言》「天地閉，賢人隱。」

《坤》上六「其色玄黃」，干寶《注》：「未離陰類，故曰血；陰陽色雜，故曰
玄黃。」乃依《文言》「猶未離其類焉，故稱血焉；夫玄黃者，天地之
雜也，天玄而地黃。」而釋也。

（4）據《象傳》以爲注

《坤》六三「含章可貞，或從王事，无成有終」，干寶《注》：「不失其柔順之
正。」與《坤·象傳》「柔順利貞」旨同，兼據《文言》（已詳上）。

《坤》上六「龍戰于野其色玄黃」，干寶《注》：「言陰陽離則異氣，合則同功，
君臣夫妻，其義一也。」蓋據《泰·象傳》「天地交而萬物通」，《咸·
象傳》「天地感而萬物化生」，故云「合則同功」；復據《否·象傳》「天
地不交而萬物不通」，《歸妹·象傳》「天地不交而萬物不興」，故云「離
則異氣」。兼據《繫》旨（另詳之）。

《師·象傳》「行險而順」，干寶《注》：「坎爲險，坤爲順。」蓋本《坤·象

傳》「乃順承天」，《坎‧彖傳》「習坎重險也」而爲注（周易言「險」
凡二十三條，除繫辭二條外，其餘二十一條皆謂坎。又周易於坤卦凡
七言順：體坤各卦，除謙、否外，他如師、比、泰、豫、臨、觀、剝、
復、晉、明夷、萃、升皆曰順。詳佚文章）。

《履》九五「夬履貞厲」，干寶《注》：「夬，決也。」蓋依《夬‧彖傳》「夬，
決也，剛決柔也。」而爲注（序卦云：「夬者決也」；雜卦云：「夬，
決也；剛決柔也。」皆同彖傳）。又《注》：「居中履正，爲履貴主萬
方。」亦本《履‧彖傳》「剛中正，履帝位而不疚。」之旨。

《蹇》九五「大蹇朋來」，干寶《注》：「在險之中」，蓋因《蹇》外卦體坎，
而《彖傳》曰「習坎重險也」（詳上文）。

《豐》卦辭「勿憂宜日中」，干寶《注》：「以其宜中而憂其昃也。」蓋本《彖
傳》「日中則昃」而爲注。

《下繫》「爻有等故曰物」，干寶《注》：「象頤中有物曰噬嗑。」案：本《噬
嗑‧象傳》「頤中有物曰噬嗑」。

（5）據《象傳》以爲注

《需》初九「利用恆無咎」，干寶《注》：「出不辭難。臣之常節也。」蓋本《象
傳》「不犯難行也」；又注：「雖小稽留終干必達」，亦本《象傳》「未失
常也」之旨。

《序卦》「需者飲食之道也」，干寶《注》：「雲升在天，而雨未降，翱翔東西，
須之象也。王事未至，飲食之日也。」蓋本《需‧象傳》「雲上於天，
需；君子以飲食宴樂。」

（6）據《繫辭傳》以爲注

《乾‧文言》「君子行此四德，故曰乾元亨利貞。」干寶《注》：「夫純陽，天
之精氣。」蓋本《繫辭傳》「乾陽物也」。又《注》：「明道義之門在于
此矣。」亦本《繫辭傳》「天地設位，而易行乎其中矣。成性存存，道
義之門。」之意。

《坤》卦辭「坤元亨利牝馬之貞」，干寶《注》：「陰氣之始，婦德之常，故稱
元；與乾合德，故稱亨。」蓋本《繫辭傳》「坤道成女」「坤陰物也」
「陰陽合德」諸語。

《坤》初六「履霜堅冰至」，干寶《注》：「《繫》曰：『爻者，言乎變者也。』
故《易‧繫辭》皆稱九六也。」是明引《繫辭傳》以釋經也。《注》又
云：「陽數奇、陰數偶。是以乾用一也，坤用二也。」蓋亦本《下繫》

「陽卦奇，陰卦偶。」之言。

《井》卦辭「改邑不改井」，干寶《注》：「夫井，地之德也，所以養民性命而清潔之主者也。」即用《下繫》「井，德之地也。」語以釋經。

《未濟》六三「未濟征凶，利涉大川」，干寶《注》：「吉凶者，言乎其失得也。」本乎《上繫》「吉凶者，失得之象也。」及「吉凶者，言乎其失得也。」

《下繫》「无有師保如臨父母」，干寶《注》：「所謂懼以終始，歸无咎也。」案：本《下繫》下文「懼以終始，其要无咎。」之言也。

《序卦》「有天地然後萬物生焉」，干寶《注》：「《上繫》曰：『法象莫大乎天地。』」是明引《繫辭傳》以釋《序卦》也。

《序卦》「有上下然後禮義有所錯」，干寶《注》：「《易》之興也，當殷之末世有妲己之禍，當周之盛德，有三母之功。」語本《繫辭傳》：「《易》之興也，其當殷之末世，周之盛德邪？」而有所增。

（7）據《說卦》以爲注

《坤》六三「含章可貞」，干寶《注》：「坤爲文，坤象既成，故曰含章可貞。」案：坤爲文爲《說卦》語。

《需》初九「需於郊」，干寶《注》：「處不避汙。」蓋本《說卦》「坎爲溝瀆」（需卦乾下坎上也。）而引申爲「汙」。

《訟》卦辭「訟有孚」，干寶《注》：「離爲戈兵。」案：爲《說卦》文。

《比》六二「比之自內貞吉」，干寶《注》：「坤，國之象也。」蓋由《說卦》「坤爲地」引申之。

《噬嗑》初九「屨校滅趾无咎」，干寶《注》：「居剛躁之家強暴之男也。」蓋由《說卦》「震爲決躁」「震爲長男」推得。

《益》六三「益之用凶事无咎」，干寶《注》：「在益之家，而居坤中，能保社稷，愛撫人民。故曰无咎。」蓋由《說卦》「坤爲地爲眾」而引出「社稷」「人民」之義。

《姤》九五「以杞包瓜含章」，干寶《注》：「巽爲草木」，語本《說卦》「巽爲木。」

《困》初六「臀困于株木」，干寶《注》：「坎爲隱伏」，本《說卦》文。

《震‧象傳》「以爲祭主」，干寶《注》：「爲長子而爲祭主也。」蓋據《說卦》「震爲長子」說。

《震》六二「億喪貝」，干寶《注》：「貝，寶貨也，產乎東方，行乎大塗也。」本《說卦》「震，東方也」「震爲大塗」之語。

《旅》九五「射雉一矢亡，終以譽命」，干寶《注》：「離爲雉、爲矢，巽爲木，爲進退，艮爲手，兌爲決。」又《注》：「一陰升乾」。案：離爲雉，巽爲木，爲進退，艮爲手，皆《說卦》文。又離爲矢本《說卦》「離爲兵戈」，兌爲決本《說卦》「兌爲附決」。一陰升乾則本《說卦》乾坤生六子之說（謂陰爻升乾二而成離）。

《節》上六「苦節貞凶悔亡」，干寶《注》：「禀險伏之教。」蓋本《彖傳》「習坎重險」及《說卦》「坎爲隱伏」之意而推得之。

（8）據《序卦》以爲注

《蒙》卦辭「蒙亨」，干寶《注》：「屯爲物之始生，蒙爲物之穉也。」語本《序卦》「屯者，物之始生也，蒙者蒙也，物之穉也。」

（9）據《雜卦》以爲注

《需》初九「需于郊」，干寶《注》：「進道北郊，未可以進，故曰『需于郊』。」蓋依《雜卦》「需，不進也。」之言。

2. 依群書以解《周易》之例

（1）依《尙書》及僞古文尙書以爲注

《坤》六二「不習无不利」，干寶《注》：「士該九德，然後可以從王事。」案：《尙書‧皐陶謨》：「皐陶曰：『都，亦行有九德，亦言其人有德，乃言曰：載采采。』禹曰：『何？』皐陶曰：『寬而栗，柔而立，愿而恭，亂而敬，擾而毅，直而溫，簡而廉，剛而塞，彊而義；彰厥有常，吉哉！日宣三德，夙夜浚明有家，日嚴祇敬六德，亮采有邦。』」干《注》殆本《尙書》。

《師》上六「大君有命，開國承家」，干寶《注》：「故《書‧泰誓》曰：『予克紂，非予武，惟朕文考無罪；紂克予，非朕文考有罪，惟予小子無良。』」明引僞古文《尙書》之文也。

《比》卦辭「原筮元永貞无咎」，干寶《注》：「考之蓍龜，以謀王業，大相東土，卜惟洛食。」案：《尙書‧洪範》：「謀及卜筮，汝則從，龜從筮從。」又〈洛誥〉：「大相東土……我乃卜澗水東、瀍水西，惟洛食；我又卜瀍水東，亦惟洛食。」干寶即約〈洪範〉〈洛誥〉語以爲注。

《震》六二「七日得」，干寶《注》：「七日得者，七年之日也。故《書》曰：『誕保文武受命惟七年』是也。」案：所引《書》爲〈洛誥〉文。

《序卦》「有天地然後萬物生焉」，干寶《注》：「豈非讒說殄行，大舜之所疾者乎！」蓋取《尙書‧舜典》「帝曰：『龍，朕聖讒說殄行，震驚朕師。』」

之語以爲注。

（２）依《詩經》以爲注

《震・彖傳》「震驚百里」，干寶《注》：「文王小心翼翼，昭事上帝，聿懷多福，厥德不回，以受方國。」爲《詩・大雅・大明》文。

《豐》卦辭「勿憂宜日中」，干寶《注》：「勿憂者，勸勉之言也，猶《詩》曰：『上帝臨汝，無貳爾心。』言周德當天人之心，宜居王位，故宜日中。」所引《詩》爲〈大雅・大明〉文。

（３）依《周禮》以爲注

《坤》六二「直方大不習无不利」，干寶《注》：「女躬四教，然後可以配君子。」蓋依《周禮》〈天官〉、〈九嬪〉：「掌婦學之法，以教九御：婦德、婦言、婦容、婦功。」而謂之「四教」也。

《比》卦辭「比吉原筮元永貞无咎」，干寶《注》：「原，卜也，周禮三卜一曰原兆。」是引《周禮》〈春官〉、〈大卜〉文，明「原」爲「卜」也。

（４）依《禮記》以爲注

《坤》六二「直方大不習无不利」，干寶《注》：「不妨以仕學爲政，不妨以嫁學爲婦。」其意蓋依《禮記》。《大學》：「君子不出家而成教於國。」及「未有學養子而后嫁者也。」

《蒙》卦辭「蒙亨」，干寶《注》：「八月之時，降陽布德，薺麥並生。」蓋依《禮記・月令》「仲秋之月，乃勸種麥。」（禮記正義引蔡氏（邕）云：「陽氣初胎於酉，故八月種麥，應時而生也。」）之說。

《升》九二「孚乃利用禴」，干寶《注》：「乃利用禴于春時也。」蓋據《禮記・王制》：「天子諸侯宗廟之祭，春曰礿。」禴即礿也。

〈序卦〉「有上下然後禮義有所錯」，干寶《注》：「人有男女陰陽之性，則自然 有夫婦配合之道，有夫婦配合之道，則自然有剛柔尊卑之義。陰陽化生，血體相傳，則自然有父子之親。以父立君，以子資臣，則必有君臣之位。有君臣之位，故有上下之序，則必禮以定其體，義以制其宜，明先王制作，蓋取之於情也。」蓋略本《禮記・郊特牲》：「男女有別，然後父子親；父子親然後義生；義生然後禮作；禮作然後萬物安。」兼從《孟子》（另詳孟子條）。言：禮以定體，義以制宜：亦本《禮記・禮器》「禮也者猶體也」及《中庸》「義者宜也」。言：明先王制作蓋取之於情，則依《禮運》「人情者，聖王之田也。脩禮以耕之，陳義以種之，講學以耨之，本仁以聚之，播樂以安之。」之意。

《雜卦》末，干寶《注》云：「聖人之於天下也，同不是，異不非，百世以俟
聖人而不惑。」末句「百世以俟聖人而不惑」爲《禮記・中庸》文也。

（5）依《穀梁》以爲注

《震》六二「勿逐七日得」，干寶《注》：「今雖喪之，猶外府也。」蓋本《穀
梁》僖公二年傳：「則是吾取之中府而藏之外府。」之意。

《序卦》「有天地然後萬物生焉」，干寶《注》：「《春秋穀梁傳》曰：『不求知
所不可知者，智也。』」明引《穀梁傳》隱公三年文（唯原文作：「知
其不可知，知也。」釋文：「上知如字、下知音智。」疏：「謂聖人愼
疑作不可知之辭者，智者。」）以足成《注》意。

《序卦》「有上下然後禮義有所錯」，干寶《注》：「天不地不生，夫不婦不成。」
蓋本《穀梁傳》莊公三年：「獨陰不生，獨陽不生，獨天不生。」

（6）依《左傳》以爲注

《坤》六五「黃裳元吉」，干寶《注》：「黃，中之色；裳，下之飾；元，善之
長也。中美能黃，上美爲元，下美則裳。」蓋約用《左傳》昭公十二
年惠伯語。

《比》卦辭「比吉原筮元永貞」，干寶《注》：「遂乃定鼎郟鄏，卜世三十，卜
年七百。」蓋用《左傳》宣公三年文。

《益》卦辭「王用亨于帝吉」，干寶《注》：「聖王先成其名而後致力于神。」
蓋用《左傳》桓公六年季梁語。

（7）依《論語》以爲注

《坤》六五「黃裳元吉」，干寶《注》：「言必忠信，行必篤敬，然後可以取信
于神明。」案：「言忠信，行篤敬」爲《論語・衛靈公》篇孔子告子張
語。

《雜卦》末，干寶《注》云：「顏回問爲邦，子曰：『行夏之時，乘殷之輅，
服周之冕。』」爲《論語・衛靈公》篇文。顏回《論語》作顏淵，干寶
亦當作顏淵。《集解》引作顏回者，李鼎祚爲唐人，避李淵諱而改字也。
又注云：「一以貫之矣。」亦用《論語》文（里仁篇：「子曰：參乎，
吾道一以貫之。」又衛靈公篇：「予一以貫之」）。

（8）依《白虎通》以爲注

《序卦》「有上下然後禮義有所錯」，干寶《注》：「此詳言人道三綱六紀有自
來也。」案：「三綱六紀」本《白虎通・三綱六紀篇》，其言曰：「三綱
者，何謂也？謂君臣、父子、夫婦也。六紀者，謂諸父、兄弟、族人、

諸舅、師長、朋友也。」

（9）依《說文》以爲注

《鼎》六五「鼎黃耳金鉉利貞」，干寶《注》：「凡舉鼎者，鉉也。」蓋本《說文》：「鉉，舉鼎也。」之義。

《未濟卦辭》：「小狐汔濟」，干寶《注》：「《說文》曰：『汔，涸也。』」是明引《說文》以釋字義也。

又《注》云：「狐，野獸之妖者。」亦本《說文》：「狐，妖獸也。」之義。

（10）依《易緯・乾鑿度》以爲注

《師》上六「大君有命」，干寶《注》：「大君，聖人也。」蓋依《乾鑿度》：「《易》有君人五號也，帝者，天稱也；王者，美行也；天子者，爵號也；大君者，與上行異也；大人者，聖明德備也……大君者，君人之盛者……大人者，聖人之在位者也。」（干寶言易象亦有從乾鑿度者，另詳）。

（11）依《老子》以爲注

《序卦》「有天地然後萬物生焉」，干寶《注》：「《老子》曰：『有物混成，先天地生，吾不知其名，彊字之曰道。』」是明引《老子》二十五章語以說《易》。

（12）依《莊子》以爲注

《序卦》「有天地然後萬物生焉」，干寶《注》：「《莊子》曰：『六合之外，聖人存而不論。』」是明引《莊子・齊物論》語以說《易》。

3. 依前賢說以解《周易》之例

（1）依子子夏說以爲注

《乾・文言》「君子行此四德者」，干寶《注》：「夫純陽天之精氣。」其說與《子夏易傳》（韓嬰著）「乾禀純陽之性」（集解引）同。

（2）依馬融說以爲注

《升》九二「孚乃利用禴」，干寶《注》：「乃利用禴于春時。」其說與馬融「禴，殷春祭名。」（釋文引，王肅、王弼同，不另）同。

《井》六四「井甃无咎」，干寶《注》：「以甎壘井曰甃。」其說與馬融「瓦裏下達上也」（釋文引。又集解引虞翻曰：「以瓦甓壘井稱甃。」意亦同）同。

《鼎》六五「鼎黃耳金鉉利貞」，干寶《注》：「凡舉鼎者，鉉也。」其說與馬融「鉉，扛鼎而舉之也。」（釋文引）同。

《上繫》「古之聰明睿知神武而不殺者夫」，干寶《注》：「殺，所戒反。」同

馬融（釋文引，鄭玄、王肅亦同，不另）。

（3）依鄭玄說以爲注

《師》上六「大君有命」，干寶《注》：「有命，天命也。」與鄭玄「命，所受天命也。」（文選曹子建贈白馬王彪詩李善注引鄭玄周易注。）意同。

《升》九二象「九二之孚有喜也」，干寶《注》：「九五坎，坎爲豕。然則禴祭以豕而已，不奢盈于禮，故曰有喜矣。」與鄭玄注《禮記‧坊記》「《易》曰：東鄰殺牛不如西鄰之禴祭實受其福」曰：「東鄰謂紂國中也，西鄰謂文王國中也。此辭在《既濟》。《既濟》離下坎上，離爲牛，坎爲豕。西鄰禴祭則豕與？言殺牛而凶，不如殺豕受福。喻奢而慢不如儉而敬也。《春秋傳》曰：『黍稷非馨，明德唯馨。』信矣。」意同。

《震》卦辭「震驚百里不喪匕鬯」，干寶《注》：「祭禮薦陳甚多，而經獨言不喪匕鬯者，匕牲體薦鬯酒，人君所自親也。」與《集解》引鄭玄《周易注》曰：「人君於祭之禮，匕牲體薦鬯酒而已，其餘不親也。」意同。

《說卦》「爲駁」，干寶《注》：「駁，雜色。」與《漢上易傳》引鄭玄訓「日出時色雜也」者同（干寶以「二爲地上」「五在天位」亦同鄭玄，另詳下文干寶言《易》象節）。

（4）依荀爽說以爲注

《師》上六「開國承家」，干寶《注》：「開國，封諸侯也；承家，立都邑也。」與《集解》引荀爽曰：「開國，卦諸侯；承家，立大夫。」又引宋衷曰：「開國，謂析土地以卦諸侯，如武王封周公七百里地也。承家，立大夫爲差次，立大夫因采地名，正其功勳，行其賞祿。」其意並同。

（5）依虞翻說以爲注

《震》初二「億喪貝」，干寶《注》：「億，歡辭也。」，《集解》引虞翻曰：「億，惜辭也。」王弼《周易注》曰：「億，辭也。」意並同。

《歸妹‧象傳》「歸妹人之終始也」，干寶《注》：「歸妹者，衰落之女也。父既沒矣，兄主其禮，子續父業，人道所以相終始也。」以爲兄嫁其妹，謂之歸妹。與《集解》引虞翻所云：「震嫁兌，所歸必妹也。」意同（唯翻又以卦變互體說之，干寶則否）。王弼則以「少女而與長男交」釋之，謂震兌爲夫妻而非兄妹。干寶與異。

（6）依王肅說以爲注

《大有》九四「匪其彭」，干寶《注》：「彭，亨驕滿貌。」義與《釋文》引王肅訓「壯」者近。王弼訓「旁」。

《上繫》「憂悔吝者存乎介」，《釋文》云：「介，王肅、干、韓云：纖介也。」是干義從王肅。

（7）依杜預說以爲注

《大有》九三「公用享于天子」，干寶《注》：「亨宴也。」與《左傳》僖公二十五年「遇公用享于天下之卦」杜預注：「爲王所宴饗。」義同。

（8）依王弼說以爲注

《坤》六四「括囊无咎无譽」，干寶《注》：「天地將閉，賢人必隱，懷智苟容，以觀時釁……不艱其身則无咎，功業不建故无譽。」與王弼《周易注》所言：「括結否閉，賢人乃隱，施愼則可，非泰之道。」意同。

《坤》六五「黃裳元吉」，干寶《注》引《左傳》昭公十二年文（已見上）以釋，王弼亦引「黃，中之色也；裳，下之飾也。」作注。

《坤》上六「龍戰于野其血玄黃」，干寶《注》：「乾體純剛，不堪陰盛……陰德過度，以逼乾戰。」殆本王弼《注》：「陰之爲道，卑順不盈，乃全其美。盛而不已，固陽之地，陽所不堪？故戰于野。」

《噬嗑》初九「屨校滅趾无咎」，干寶《注》：「小懲大戒，以免刑戮，故曰无咎矣。」殆本王弼注：「以處刑初，小懲大誡，乃得其福，故无咎也。」

《升》九二「孚乃利用禴」，干寶《注》：「剛中而應，故孚也。」與王弼《注》：「與五爲應，往必見任，體夫剛德，進不求寵。」意同。

《井》上六「井收网幕」，干寶《注》：「處井上位，在瓶之水也。故曰井收。」與王弼《注》：「處井上極，水已出井，井功大成，在此爻矣，故曰井收也。」意同。

4. 據史事以說《周易》之例

干寶《周易注》好以史事說《易》，察其所以，似有三端，先述於下：

一曰：受《繫辭傳》《易》之興也當文王與紂之事一語之影響。《繫辭傳》下曰：「《易》之興也，其於中古乎？作《易》者，其有憂患乎？是故：履，德之基也；謙，德之柄也；復，德之本也；恆，德之固也；損，德之脩也；益，德之裕也；困，德之辯也；井，德之地也；巽，德之制也。」所謂「中古」，即指殷周之世，並列舉履、謙、復、恆、損、益、困、井、巽等卦言「德」，皆導源於其時之憂患意識。《繫辭傳》下又云：「《易》之興也，其當殷之末世，周之盛德邪？當文王與紂之事邪？」非僅以《易》興於殷、周之世，且以當文王與紂之事。干寶好以殷周史說《易》，尤好以文王與紂事說《易》，當以《繫辭傳》語爲其最重要之依據。

　　二曰：受《周易》卦爻辭中多殷周故事之影響。《周易》卦爻辭中多殷周故事，如《既濟》九三爻辭有「高宗伐鬼方，三年克之，小人勿用。」《歸妹》六五爻辭有「帝乙歸妹，基君之袂不如其娣之袂良，月幾望，吉。」《明夷》六五爻辭有「箕子之明夷利貞。」《晉》卦辭有「康侯用錫馬蕃庶，晝日三接。」高宗者，殷中興之主武丁也（殷自湯至紂凡三十代，武丁爲二十二代）。帝乙者，紂之父也。箕子者，紂之臣也。康侯者，武王之弟也。皆當殷、周之世。他如《升》六四「王用亨于岐山，吉，无咎。」《隨》上六「拘係之，乃從維之，王用亨于西山。」《既濟》九五「東鄰殺牛，不如西鄰之禴祭，實受其福。」亦述商周時事也。

　　三曰：受《毛詩・大小序》以史解《詩》之影響。干寶《周易注》每引他經以釋《易》經，上文已言之，茲不贅述。又喜以他經比附《易經》。如《乾・文言》：「君子行此四德者，故曰：「乾，元亨利貞。」下，干寶《注》云：「夫純陽，天之精氣；四行，君之懿德。是故《乾》冠卦首，辭表篇目。明道義之門，在於此矣。猶《春秋》之備五始也。」以《春秋》五始比附《易》元亨利貞四德。又如《序卦》：「有上下然後禮義有所錯。」下，干寶《注》云：「上經始於《乾》《坤》，有生之本也；下經始於《咸》《恆》，人道之首也。以言天不地不生；夫不婦不成。相須之至，王教之端。故《詩》於〈關雎〉爲國風之始，而《易》於《咸》《恆》備論禮義所由生也。」以《詩》之〈關雎〉比附《易》之《咸》《恆》。皆干寶好以他經比附《易經》之證據。干寶既多引他經以注《易經》，又好以他經比附《易經》，故其注《易》受他經傳注之影響，自屬可能。尤以受〈詩序〉影響爲最。茲自〈詩序〉與干寶《周易注》各錄三條，對照比較如左：

　　　　《詩・黍離・序》：「〈黍離〉，閔宗周也。周大夫行役，至于宗周，過故宗廟宮室，盡爲禾黍，閔周室之顛覆，彷徨不忍去，而作是詩也。」

　　　　《詩・甫田・序》：「〈甫田〉，大夫刺襄公也。無禮義而求大功，不脩德而求諸侯。志大心勞，所以求者，非其道也。」

　　　　《詩・采薇・序》：「〈采薇〉，遣戍役也，文王之時，西有昆夷之患，北有獫狁之難，以天子之命命將率，遣戍役以守衛中國，故歌〈采薇〉以遣之，〈出車〉以勞還，〈杕杜〉以勤歸也。」

　　　　《坤》上六：「龍戰于野。」《注》：「文王之忠于殷，抑參天之強以事獨夫之紂，蓋欲彌縫其闕而匡救其惡，以祈殷命，以濟生民也。紂遂長惡不悛，天命殛之，是以至于武王，遂有牧野之事，是其義也。」

　　　　《蒙・象傳》：「蒙以養正，聖功也。」《注》：「武王之崩，年九十三矣，而成王八歲。言天後成王之年，將以養公正之道而成三聖之功。」

《井》卦辭：「改井不改邑。」《注》：「改殷紂比屋之亂俗，而不易成湯昭假
　　之法度也。故曰改邑不改井。」

比較而觀之，干寶《周易注》之受《詩序》之影響，至為顯然。

以下就干寶以殷周之際（殷紂及周文武成王時。）史事說《易》之例，及以
殷周之際以外史事說《易》之例，分別彙集。俾見其以史解《易》之全貌焉。

（1）據殷、周之際史事以說《易》

　　《乾》初九「潛龍勿用」，干寶《注》：「此文王在羑里之爻也。」

　　《乾》九二「見龍在田利見大人」，干寶《注》：「此文王免于羑里之日也，故
　　　　曰利見大人。」

　　《乾》九三「君子終日乾乾，夕惕若厲，无咎」，干寶《注》：「此蓋文王反國
　　　　大釐其政之日也。」

　　《乾》九四「或躍在淵」，干寶《注》：「此武王舉兵孟津觀釁而退之爻也。」

　　《乾》九五「飛龍在天利見大人」，干寶《注》：「此武王克紂正位之爻也。」

　　《乾·文言》「君子行此四德者」，干寶《注》：「四德者，文王所由興；四愆
　　　　者，商紂所由亡。」

　　《坤》上六「龍戰于野其色玄黃」，干寶《注》：「文王之忠于殷，抑參二之強，
　　　　以事獨夫之紂。蓋欲彌縫其闕而匡救其惡，以祈殷命，以濟生民也。
　　　　紂遂長惡不悛，天命殛之。是以至于武王，遂有牧野之事，是其義也。」

　　《坤》用六「利永貞」，干寶《注》：「是周公始于貞辰南面以先王道；卒于復
　　　　子明辟以終臣節。故曰利永貞也。」

　　《屯·象傳》「宜建侯而不寧」，干寶《注》：「殷周際也，百姓盈盈，匪君子
　　　　不寧。天下既遭屯險之難，後王宜蕩之以雷雨之政，故封諸侯以寧之
　　　　也。」

　　《蒙》卦辭「蒙亨」，干寶《注》：「此蓋以寄成王之遭周公也。」

　　《蒙·象傳》「蒙以養正，聖功也」。干寶《注》：「武王之崩年九十三矣，而
　　　　成王八歲。言天後成王之年，將以養公正之道，而成三聖之功。」

　　《蒙》初六「發蒙，利用刑人，用說桎梏，以往吝。」干寶《注》：「此成王
　　　　始覺周公至誠之象也……此成王將正四國之罪，宜釋周公之黨，故曰
　　　　用說桎梏。既感金縢之文，追恨昭德之晚，故曰以往吝。」

　　《訟·象傳》「君子以作事謀始」，干寶《注》：「武王故先觀兵孟津，蓋以卜
　　　　天下之心，故曰作事謀始也。」

　　《師》上六「大君有命開家承家」，干寶《注》：「五常為王位，至師之家而變

其例者，上爲郊也。故易位以見武王親征，與師人同處于野也……上六爲宗廟，武王以文王行，故正開國之辭于宗廟之爻，明己之受命，文王之德也。」

《比》卦辭「比吉原筮元永貞无咎不寧方來後夫凶」，干寶《注》：「考之蓍龜，以謀王業，大相東土，卜惟洛食。遂乃定鼎郟鄏，卜世三十，卜年七百。德善長于兆民，戩祿永于被業。故曰原筮元永貞。逆取順守，居安如危，故曰无咎。天下歸德，不唯一方，故曰不寧方來，後服之夫，違天失人，必災其身，故曰後夫凶也。」

《比》六三《象傳》「比之匪人不亦傷乎」，干寶《注》：「管蔡之象也。比建萬物，唯去此人。故曰：比之匪人，不亦傷王政乎。」

《坎》六三爻辭：「來之坎坎，險且枕，入于坎窞，勿用。」《象》曰：「來之坎坎，終无功也。」干寶《注》：「坎，十一月卦也。又失其位，喻殷之執法者失中之象也。來之坎坎者，斥周人觀釁于殷也。枕，安也。險且枕者，言安忍以暴政加民而无哀矜之心，淫刑濫罰，百姓无所措手足。故曰：來之坎坎，終无功也。」

《蹇》九五《象傳》：「大蹇朋來以中節也」，干寶《注》：「在險之中而當五位，故曰大蹇；此蓋以託文王爲紂所囚也。承上據四應二，眾陰並至，此蓋以託四臣能以權智相救也。故曰以中節也。」

《夬‧象傳》「告自邑」，干寶《注》：「殷民告周以紂无道。」

《升》九二「孚乃利用禴」，干寶《注》：「文王儉以恤民，四時之祭皆以禴禮，神亨德與信，不求備也。」

《井》卦辭：「改邑不改井，无喪无得，往來井井，汔至，亦未繘井，羸其瓶，凶矣。」干寶《注》：「改殷紂比屋之亂俗，而不易成湯昭假之法度也。故曰改邑不改井。二代之制，各因時宜，損益雖異，括囊則同。故曰无喪无得，往來井井也。當殷之末，井道之窮，故曰汔至。周德雖興，未及革正，故曰亦未繘井。井泥爲穢，百姓无聊，比屋之閒，交受塗炭，故曰羸其瓶凶矣。」

《井》初六「井泥不食舊井无禽」，干寶《注》：「此託紂之穢政不可以養民也；舊井謂殷之未喪師也。」

《井》九三「井渫不食，爲我心惻，可用汲，王明並受其福。」干寶《注》：「此託殷之公侯，時有賢者，獨守成湯之法度而不見任，謂微箕之倫也。故曰井渫不食，爲我心惻。惻，傷悼也，民乃外附，故曰可用汲。

周德來被，故曰王明。王得其民，民得其王，故曰求王明受福也。」

《革・象傳》「己日乃孚革而信之」，干寶《注》：「武王陳兵孟津之上，諸侯不期而會者八百國，皆曰紂可伐矣。武王曰：『爾未知天命，未可也。』還歸。二年，紂殺比干，囚箕子。爾乃伐之。所謂己日乃孚，革而信也。」

《革・象傳》又云：「天地革而四時成，湯武革命，順乎天而應乎人，革之時大矣哉。」干寶《注》：「革天地，成四時，誅二叔，除民害，天下定、武功成，故曰大矣哉。」

《革》初九「鞏用黃牛之革」，干寶《注》：「此喻文王雖有聖德，天下歸周，三分有二而服事殷，是其義也。」

《革》九四：「悔亡有孚改命吉」，《象》曰：「改命之吉信志也」。干寶《注》：「爻入上象，喻紂之郊也。以逆取而四海順之，動凶器而前歌後舞，故曰悔亡也。中流而白魚入舟，天命信矣，故曰有孚。甲子夜陣雨甚至，水德賓服之祥也。故曰改命之吉信志也。」

《革》上六：「君子豹變，小人革面，征凶居貞吉。」《象》曰：「君子豹變，其文蔚也。小人革面，順以從君也。」干寶《注》：「君子，大賢次聖之人，謂若太公、周、召之徒也。豹、虎之屬；蔚，炳之次也。君聖臣賢，殷之頑民，皆改志從化，故曰小人革命。天下既定，必倒載干戈，包之以虎皮。將率之士，使為諸侯，故曰征凶居貞吉。得位有應，君子之象也。」

《震・象傳》「震驚百里」，干寶《注》：「周，木德，震之正象也，為殷諸侯。殷諸侯之制，其地百里。是以文王小心翼翼，昭事上帝，聿懷多福，厥德不回，以受方國，故以百里而臣，諸侯也。」

《震》初九「震來虩虩後笑言啞啞」，干寶《注》：「震來虩虩，羑里之厄也，笑言啞啞，後受方國也。」

《震》六二「震來厲億喪貝」，干寶《注》：「此託文王積德累功，以被囚為禍也……以喻《紂》拘文王，閎夭之徒乃于江淮之浦求盈箱之貝而以賂紂也。」

《豐》卦辭「勿憂宜日中」，干寶《注》：「周伐殷，居王位之象也。」

《豐》上六：「豐其屋，蔀其家，闚其戶，闃其无人，三歲不覿，凶。」干寶《注》：「豐其屋，此蓋託紂之侈造為璿室玉臺。蔀其家者，以記紂多傾國之女也。社稷既亡，宮室虛曠，故曰闚其戶闃其无人。……三歲

不覿凶，然則璿室之成三年而後亡國矣。」

《旅》六五：「終以譽命」，干寶《注》：「此託祿父爲王者後，雖小叛擾，終遠安周室，故曰終以譽命矣。」

《既濟》九三「高宗伐鬼方三年克之」，干寶《注》：「高宗嘗伐鬼方，三年而後克之，在《既濟》之家而述先代之功，以明周因于殷，有所弗革也。」

《未濟·彖傳》「小狐汔濟未出中也」，干寶《注》：「狐，野獸之妖者，以喻祿父，中謂二也。困而猶處中故也。此以託紂雖亡國，祿父猶得封矣。」

又：「濡其尾无攸利不續終也」，干寶《注》：「言祿父不能敬奉天命，以續既終之禮，謂叛而被誅也。」

又：「雖不當位剛柔應也」，干寶《注》：「六爻皆相應，故微子更得爲客也。」

《未濟》九二「曳其輪貞吉」，干寶《注》：「猶東蕃之諸侯共攻三監，以康周道，故曰貞吉也。」

《未濟》六三：「未濟征凶，利涉大川。」《象》曰：「未濟征凶，位不當也。」干寶《注》：「祿父反叛，管蔡與亂，兵連三年，誅及骨肉，故曰未濟征凶，平克四國，以濟大難，故曰利涉大川也。以六居三，不當其位，猶周公以臣而君，故流言作矣。」

《未濟》六五：「貞吉無悔，君子之光，有孚吉。」干寶《注》：「以六居五，周公攝政之象也，故曰貞吉無悔。制禮作樂，復子明辟，天下乃明其道，乃信其誠，故君子之光有孚吉矣。」

《序卦》：「有上下然後禮義有所錯。」干寶《注》：「《易》之興也，當殷之末世，有妲己之禍；當周之盛德，有三母之功。」

《雜卦》之末，干寶《注》：云「凡《易》既分爲六十四卦，以爲上下經，天人之事，各有始終。夫子又爲《序卦》，以明其相承受之義。然則周公、文王所遭遇之運，武王、成王所先後之政，蒼精受命短長之期，備于此矣。」

（2）據殷、周之際以外史事以說《易》

《乾·象傳》：「天行健，君子以自強不息。」干寶《注》：「堯舜一日萬幾；文王日昃不暇，仲尼終夜不寢；顏子欲罷不能。自此以下，莫敢淫心捨力，故曰：自強不息矣。」

《坤》六三：「或從王事。」干寶《注》：「此蓋平襄之王，垂拱以賴晉鄭之輔也。」

《師》上六《象傳》：「大君有命，以正功也。」干寶《注》：「湯、武之事。」

《象》又云：「小人勿用，必亂邦也。」干寶《注》：「楚靈、齊閔窮兵之禍也。」

《益》六三：「《益》之，用凶事，无咎。有孚中行，告公用圭。」干寶《注》：「固有如桓文之徒，罪近篡弒，功實濟世。六三，桓文之爻也。俯列盟會，仰致錫命，故曰：告公用圭。」

《節》上六：「上六苦節貞凶悔亡。」干寶《注》：「以苦節之性而遇甘節之主，必受其誅。華士、少正卯之爻也。」

《繫辭傳》下：「萬夫之望。」干寶《注》：「周公聞齊魯之政，知後世疆弱之勢；辛有見被髮而祭，則知爲戎狄之居。」

又：「文不當，故吉凶生焉。」干寶《注》：「動作云爲，必考其事，令與爻義相稱也。事不稱義，雖有吉凶，則非今日之吉凶也。故元亨利貞，而穆姜以死，黃裳元吉，南蒯以敗。是所謂文不當也。」

《雜卦》末，干寶《注》云：「總而觀之，伏羲、黃帝，皆繫世象賢，欲使天下世有常君也。而堯舜禪代，非黃農之化，朱均頑也。湯武逆取，非唐虞之迹也。伊尹廢立，非從順之節，使太甲思愆也。周公攝政，非湯武之典，成王幼年也。凡此皆聖賢所遭遇異時者也。夏政尚忠，忠之弊野，故殷自野以教敬。敬之弊鬼，故周自鬼以教文。文弊薄，故《春秋》閱諸三代而損益之。顏回問爲邦，子曰：『行夏之時，乘殷之輅，服周之冕。』弟子問政者數矣，而夫子不與言三代損益，以非其任也。回則備言，王者之佐，伊尹之人也，故夫子及之焉。是以聖人之于天下也，同不是，異不非，百世以俟聖人而不惑，一以貫之矣。」

綜上所錄，干寶以殷、周之際史事說《易》，爲文實繁，而偶亦用殷、周之際以外史事以說《易》。平心而論；《易》既爲筮書，故卦爻辭中自有運用當時人所熟知之史事以說明卦爻之義者（例已見上文）。又卦爻辭之性質略等於今之籤訣，故其中多故事隱語，亦事所必然（顧頡剛周易卦爻辭中的故事一文中亦嘗言之）。唯干寶幾乎概以殷、周之際史事說之，遂使《易》降爲殷周記事之書，讖數妖災之言（張惠言易義別錄干氏卷序云：「令升之注，僅存者三十卦，而又不完。然其言文武革紂、周公攝成王者，十有八焉。至于禮樂政典治之要，蓋未嘗及。則是以易爲周家紀事之書，文武所以自旌其伐也。且文王作卦辭，而蒙託成王遭周公，未濟託祿父不終，微子爲客。則是易爲讖數之言，妖災之紀也」），其義小矣（孔子以易爲寡過之書，則人人於易皆可取得教訓。干寶以易爲殷周紀事之書，則僅限於解釋殷周史事矣），是干寶之陋也。

四、干寶《周易注》之釋《易》象

干寶《周易注》之言《易》象也，視魏晉南北朝其他《易》注爲獨多，其注六十四卦也：有用「卦體」說之者；有用「互體」說之者；有用「卦象」說之者；有用「反卦」說之者；有用「消息」及「卦氣」說之者；有用「八宮卦世應遊魂歸魂」及「世卦起月例」說之者；有用「八卦十二位」說之者；有用「五德轉移」說之者。而注《繫辭傳》，且言及「五星」「八卦休王」之說。其注六爻也，有言「爻位」之得失、敵應、乘據承、天地人、貴賤、遠近者；有言「爻體」者；有言「納甲」「納支」「納支應時」「卦身」「納支應情」者；有言「爻等」者。茲分別彙例說明於下：

（一）卦　體

六爻之卦，有內外二體，干寶注《易》，每就其體而言其象。茲彙其例於下。

《蒙》初六注：「坎爲法律。」《蒙》卦內體坎故也。

《需》初九注：「郊，乾坎之際也。」《需》卦乾下坎上故也；又云：「出不避汙。」汙謂坎也。

《師·彖傳》注：「坎爲險，坤爲順。」《師》卦坎下坤上故也。

《比》六二注：「二在坤中。」又云：「坤，國之象也。」《比》卦內體坤故也。

《噬嗑》初九注：「居剛躁之家。」又云：「以震掩巽。」又云：「顧震知懼。」《噬嗑》內體震故也。

《蹇》九五注：「在險之中。」《蹇》外體坎故也。

《益》六二注：「在巽之宮，處震之象。」六三注：「處震之動，懷巽之權。」《益》卦震下巽上故也。

《姤》九五注：「初二體巽。」謂姤內體巽也。

《升》九二注：「《既濟》九五坎。」謂《既濟》外體坎也。

《困》初六注：「兌爲死穴，坎爲隱伏。」《困卦》坎下兌上故也。

《井·彖傳》注：「水，殷德也；木，周備也。」井卦《巽》下《坎》上故也。

《革》初九注：「離爲牝牛。」革內體離故也。

《漸》上九《象傳》注：「順艮之言，謹巽之含。」《漸》卦艮下巽上故也。

《歸妹·彖傳》注：「歸妹者，衰落之女也。」又云：「兌主其禮。」歸妹卦兌下震上故也。

《豐》卦辭注：「離爲晝。」《豐》卦內體離故也。

《旅》六五注：「離爲雉，艮爲手。」《旅》卦艮下離上故也。

《節》上六注：「稟險伏之教。」《節》卦外體坎故也。

《既濟》九三注：「離爲戈兵，故稱伐，坎爲北方，故稱鬼。」《既濟》離下
坎上故也。

《未濟》卦辭注：「坎爲狐。」又九二注：「坎爲輪，離爲牛。」《未濟》坎下
離上故也。

考《象傳》於六十四卦，無一不以內外二體立說；《彖傳》說經，亦每及二體。
干寶以二體說《易》象，殆本《彖》《象》二傳。唯《彖》《象》僅以二體釋卦，
嘗以之說爻。干寶則以二體釋卦外（凡五條），又用以說爻（凡十五條），是其異
耳。

（二）互　體

「互體」，爻象多有取之，如：《泰》六五「帝乙歸妹」，蓋《泰》卦自二三四
爻互兌，三四五爻互震，兌下震上，即歸妹卦也。（德清俞樾嘗就爻象明白可據者
著於篇，凡三十九條，成周易互體徵一卷）。又《左傳》亦嘗言互體。莊公二十二
年：「周史有以《周易》見陳侯者，陳侯使筮之，遇《觀》䷓之否。……坤，土也；
巽，風也；乾，天也。風爲天於土上，山也。」何以取象曰山？杜預注以互體說
之曰：「自二至四有艮象，艮爲山。」然則《周易》爻象與《左傳》《易》筮實有
取於互體者。唯初不過以二至四爻，三至五爻各互爲一三畫之卦合成一六畫之卦
耳。京房謂「二至四爲互體，三至五爲約象。」（見王應麟困學紀聞卷一），始有
「互體」「約象」之名。鄭玄注《易》，有以二至五四爻成兩互卦而同時並用者（詳
胡自逢君周易鄭氏學第三章釋例）。下逮虞翻，類例滋紛，既以二至四爻，三至五
爻互三畫之卦二；復以一至五，二至上，各互六畫之卦一，更以初至四，二至五，
三至上，各體六畫之卦一，又有本不成體，而據其半象，以爲互體者：於是一卦
可衍爲無數之卦體（詳屈翼鵬先生先秦漢魏易例述評卷下互體章），莫可究極矣。

干寶《周易注》以互體爲注者，凡三條：

《益》六三注：「在益之家而居坤中。」益卦䷩震下巽上，二三四爻互坤，
而六三居中故也。

《漸》上九注：「履坎之通，據離之耀。」漸卦䷴艮下巽上，二三四爻互坎，
三四五爻互離。

《旅》六五注：「巽爲木爲進取，兌爲決。」旅卦䷷艮下離上，二三四爻互
巽，三四五爻互兌。

蓋干寶言互體，亦以二至四爻，三至五爻，各取一三畫之卦，與京房

同其例耳。虞翻之穿鑿紛滋，干寶有所不取也。

又：干寶《注》《噬嗑》曰：「不敢遂行強也。」李道平《纂疏》云：「震爲行爲剛躁，是行強也；互艮以止之，故不敢遂行強也。」然干寶既無「艮以止之」之明文，是以不能確認爲干寶之意，不敢採錄。

（三）卦　象

干寶《周易注》之言卦象，有據《象傳》者，有據《說卦》者，有依《說卦》引申者，有《象傳》《說卦》所無者。

《師・象傳》注：「坎爲險，坤爲順。」《噬嗑》初九五：「初居『剛躁』之家。」以震爲剛躁，並據《象傳》也。

《坤》六三注：「坤爲文。」《震》六二注：「產乎『東方』，行乎『大塗』」。以震爲東方，爲大塗。《旅》九五注：「巽爲木爲進退。」《升》九二注：「坎爲豕。」《困》初六注：「坎爲隱伏。」《既濟》九二注：「坎爲北方。」《訟》卦辭注：「離爲戈兵。」（既濟九二注同）旅六五注：「離爲雉。」旅六五注：「艮爲手。」皆據《說卦》也。

《比》六二注：「坤，國之象也。」蓋依《說卦》「坤爲地」引申之。《姤》九五注：「巽爲草木。」蓋依《說卦》「巽爲木」引申之。《蒙》初六注：「坎爲法律。」蓋依《說卦》「坎爲水」引申之。《豐》卦辭注：「坎爲夜。」蓋依《說卦》「坎爲月」引申之。《未濟》九二注：「坎爲輪。」蓋依《說卦》「坎爲弓輪」引申之。《豐》卦辭注：「離爲晝」蓋依《說卦》「離爲日」引申之。《旅》六五：「離爲矢。」蓋依《說卦》「離爲戈兵」引申之。《困》初六注：「兌爲孔穴。」蓋依《說卦》「兌爲澤」引申之。《旅》六五注：「兌爲決。」蓋依《說卦》「兌爲附決」引申之。

《豐》上六注：「乾爲屋宇。」《未濟》卦辭注：「坎爲狐。」《革》初九注：「離爲牝牛。」《未濟》九二注：「離爲牛。」則《象傳》及《說卦》所未言者也。

（四）反　卦

《周易》六十四卦，二二相耦，以反對爲序；不能反對者，則以陰陽爻相對爲序。所謂「非覆即變」是也（孔穎達周易正義：「六十四卦，二二相耦，非覆即變。覆者，表裏視之，遂成兩卦，屯蒙需訟師比之類是也。變者，反覆唯成一卦，

則變以對之，乾坤坎離大過頤中孚小過之類是也」）。《彖傳》即有以反對之義說之者（此屈翼鵬先生說，詳見先秦漢魏易例述評彖象傳例章）。《雜卦》亦言：「否泰反其類也。」是以虞翻注《易》，於《觀》下曰：「觀反臨也。」王弼《易例》，於〈明卦適變通爻〉條云：「卦以反對。」干寶《周易注》於此亦有所體認。故其注《雜卦》曰：「《雜卦》之末，又改其例，不以兩卦反覆相酬。」則已確認未「改其例」之前，爲「兩卦反覆相酬」者也。其注《比》卦辭云：「去陰居陽，承乾之命，義與師同也。」好以比卦䷇與師卦䷆反對；師九二去陰位之二，居陽位之五，則成比之九五也。

（五）消息及卦氣

「消息」一詞，始見於《彖傳》。《剝·彖傳》曰：「君子尙消息盈虛，天行也。」《豐·彖傳》曰：「日中則昃，月盈則食，天地盈虛，與時消息。」《易緯》亦言之。《乾鑿度》曰：「昔者聖人因陰陽定消息，立乾坤以統天地也。」又云：「消息卦純者爲帝，不純者爲王。」其法，《彖傳》亦已發端。《剝·彖傳》曰：「柔變剛。」既陰消乾也；《夬·彖傳》曰：「剛決柔。」即陽息坤也。《易緯》則統言之曰「消」，《乾鑿度》云：「陽消陰言夬，陰消陽言剝。」

干寶《周易注》於坤六三云：「陽降在四，陰升在三。」謂陰消乾至三也。於坤上六云：「卦成於乾。」謂陰消乾六爻也。於《夬·彖傳》云：「夬九五，則飛龍在天之爻也……以剛決柔。」謂陽息坤至五也。皆「消息」之說。

《乾鑿度》又列乾坤消息十卦之名爲復、臨、泰、大壯、夬；姤、遯、否、觀、剝（乾鑿度云：「乾三十二世消；坤三十六世消。」又云：「復十八世消以三六也，臨十二世消以二六也；泰三十世消以二九二六也，大壯二十四世消以二九一五也，夬三十二世消以三九一四也。」又云：「姤一世消無所據也；遯一世消據不正也；否十世消以二五也；觀二十世消以二五四六也；剝十二世消以三四也」）。漢人更附會於《上繫》「乾坤」「變通配四時」之言（集解引虞翻注云：「變通趨時，謂十二月消息也。泰、大壯、夬、配春；乾、姤、遯、配夏；否、觀、剝，配秋；坤、復、臨，配冬。謂十二月消息變通而周於四時也。」虞翻之說，殆本於孟喜、京房。新唐書曆志載一行卦義曰：「十二月卦，出於孟氏章句。」漢書京房傳載房上封事曰：「然少陰倍力而乘消息。」注引孟康曰：「房以消息卦爲辟；辟，君也。息卦曰太陰，消卦曰太陽。其餘卦曰少陰少陽，謂臣下也。幷力雜卦氣干消息也」），參考《易緯·稽覽圖》十二天子卦之說（稽覽圖卷下：「天子泰正月，天子夬三月，天子姤五月，天子否七月，天子剝九月，天子復十一月。」

又：「天子大壯二月，天子乾四月，天子遯六月，天子觀八月，天子坤十月，天子臨十二月。」蓋以此十二卦爲天子，其他四十八卦（不含坎震離兌四卦）爲雜臣。凡六十卦，每卦六爻，計三百六十爻。每爻值一日，凡三百六十日。餘五又四分之一日由六十卦平分，每卦得八十分之七日。魏書律曆志正光術有「求次卦」術，所列十二月分配六十卦，與稽覽圖悉合），以十二消息卦分配四時十二月，如下表：

《復》	冬	子	十一月
《臨》	冬	丑	十二月
《泰》	春	寅	正 月
《大壯》	春	卯	二 月
《夬》	春	辰	三 月
《乾》	夏	巳	四 月
《姤》	夏	午	五 月
《遯》	夏	未	六 月
《否》	秋	申	七 月
《觀》	秋	酉	八 月
《剝》	秋	戌	九 月
《坤》	冬	亥	十 月

干寶復以乾坤十二爻配合十二消息卦，故其《周易注》于乾坤各爻下如是注云：

乾初九：十一月之時，自復來也。

乾九二：十二月之時，自臨來也。

乾九三：陽在九三，正月之時，自泰來也。

乾九四：陽氣在四，二月之時，自大壯來也。

乾九五：陽氣在九五，三月之時，自夬來也。

乾上九：陽在上九，四月之時也。

坤初六：陰氣在初，五月之時，自姤來也。

坤六二：陰氣在二，六月之時，自遯來也。

坤六三：陰氣在三，七月之時，自否來也。

坤六四：陰氣在四，八月之時，自觀來也。

坤六五：陰氣在五，九月之時，自剝來也。

坤上六：陰在上六，十月之時也。

復、臨、泰、大壯、夬、乾、姤、遯、否、觀、剝、坤十二卦，《易緯・稽覽圖》卷下稱之爲「天子」。此外，復有所謂「諸侯」、「大夫」、「九卿」、「三公」。茲摘錄如下：

		八百諸候	二十七大夫	九　卿	三　公
正　月	立　春	《小過》	《蒙》	《益》	《漸》
二　月	驚　蟄	《需》	《隨》	《晉》	《解》
三　月	清　明	《豫》	《訟》	《蠱》	《革》
四　月	立　夏	《旅》	《師》	《比》	《小畜》
五　月	芒　種	《大有》	《家人》	《井》	《咸》
六　月	小　暑	《鼎》	《豐》	《渙》	《履》
七　月	立　秋	《恆》	《節》	《同人》	《損》
八　月	白　露	《巽》	《萃》	《大畜》	《賁》
九　月	寒　露	《歸妹》	《无妄》	《明夷》	《困》
十　月	立　冬	《艮》	《既濟》	《噬嗑》	《大過》
十一月	大　雪	《未濟》	《蹇》	《頤》	《中孚》
十二月	小　寒	《屯》	《謙》	《睽》	《升》

與十二天子卦併之，則每月值五卦，《易緯・稽覽圖》卷下所列如下：

《小過》、《蒙》、《益》、《漸》、《泰》：寅。

《需》、《隨》、《晉》、《解》、《大壯》：卯。

《豫》、《訟》、《蠱》、《革》、《夬》：辰。

《旅》、《師》、《比》、《小畜》、《乾》：巳。

《大有》、《家人》、《井》、《咸》、《姤》：午。

《鼎》、《豐》、《渙》、《履》、《遯》：未。

《恆》、《節》、《同人》、《損》、《否》：申。

《巽》、《萃》、《大畜》、《賁》、《觀》：酉。

《歸妹》、《无妄》、《明夷》、《困》、《剝》：戌。

《艮》、《既濟》、《噬嗑》、《大過》、《坤》：亥。

《未濟》、《蹇》、《頤》、《中孚》、《復》：子。

《屯》、《謙》、《睽》、《升》、《臨》：丑。

　　《魏書‧律曆志》載《正光術》，有六十卦值月之法，與《稽覽圖》卷下所列者合。

　　干寶《周易注》於《蒙》卦云：「息來在寅，故于消息爲正月卦也。」於《比》卦云：「息來在巳。」即據此六十卦值月之法也。

　　然六十卦值十二月，亦有參差。據《新唐書‧曆志》所載，略如下述：

《屯》　　：內卦值十一月；外卦值十二月。

《小過》　：內卦值十二月；外卦值二月。

《豫》　　：內卦值二月　；外卦值三月。

《旅》　　：內卦值三月　；外卦值四月。

《大有》　：內卦值四月　；外卦值五月。

《鼎》　　：內卦值五月　；外卦值六月。

《恆》　　：內卦值六月　；外卦值七月。

《巽》　　：內卦值七月　；外卦值八月。

《歸妹》　：內卦值八月　；外卦值九月。

《艮》　　：內卦值九月　；外卦值十月。

《未濟》　：內卦值十月　；外卦值十一月。

　　干寶《周易注》於《歸妹‧象傳》云：「雷薄于澤，八月九月將藏之時也。」

以《歸妹》值八月九月者，其故在此（新唐書雖出歐陽修之手，然所載六十卦分值十二月，則爲古法）。

至於「坎」「震」「離」「兌」四正卦，《新唐書・曆志・一行卦議》引《孟氏章句》云：「坎震離兌，二十四氣，坎主一爻。」〈曆志〉所載「常氣月中節四正卦」云：

冬至，十一月中；《坎》初六。

小寒，十二月節；《坎》九二。

大寒，十二月中；《坎》六三。

立春，正月節　；《坎》六四。

雨水，正月中　；《坎》九五。

驚蟄，二月節　；《坎》上六。

春分，二月中　；《震》初九。

清明，三月節　；《震》六二。

穀雨，三月中　；《震》六三。

立夏，四月節　；《震》九四。

小滿，四月中　；《震》六五。

芒種，五月節　；《震》上六。

夏至，五月中　；《離》初九。

小暑，六月節　；《離》六二。

大暑，六月中　；《離》九三。

立秋，七月節　；《離》九四。

處暑，七月中　；《離》六五。

白露，八月節　；《離》上九。

秋分，八月中　；《兌》初九。

寒露，九月節　；《兌》九二。

霜降，九月中　；《兌》六三。

立冬，十月節　；《兌》九四。

小雪，十月中　；《兌》九五。

大雪，十一月節；《兌》上六。

即孟氏之法也。

唯京氏所言又異。《曆志・一行卦議》云：「京氏又以卦爻與朞之日，坎離震

兌，其用事自分至之首。」《易緯・通卦驗》卷下載：

> 《乾》，西北也，主立冬。
> 《坎》，北方也，主冬至。
> 《震》，東方也，主春分。
> 《巽》，東南也，主立夏。
> 《離》，南方也，主夏至。
> 《坤》，西南也，主立秋。
> 《兌》，西方也，主秋分。

疑即京氏法也。

干寶《周易注》於《坎》六三云：「坎，十一月也。」蓋以坎主冬至，在十一月，乃京氏學也。

干寶《周易卦》注之言消息卦氣，已全部在此。大抵本諸《易緯》，宗京房之說也。

（六）八宮卦世應遊魂歸魂（附起月例）

八宮卦世應遊魂歸魂者，京房之說也。《京氏易傳》上卷中卷列乾震坎艮坤巽離兌八宮卦，每宮卦含純卦一，變卦七，變卦註明其世應遊魂歸魂。以乾宮卦為例。乾為純卦，初爻變成姤䷫，為一世；二爻變成遯䷠，為二世；三爻變成否䷋，為三世；四爻變成觀䷓，為四世；五爻變成剝䷖，為五世；上爻不變，復回變已變之四爻成晉䷢，為遊魂；更變遊魂卦之下體三爻成大有䷍，為歸魂。其他七宮類此。《京氏易傳》卷下：「孔子易云：有四易，一世二世為地易，三世四世為人易；五世八純為天易（八純今范氏二十一種奇書本及漢魏叢書本均誤作六世。茲據胡一桂周易啓蒙外篇起月例正之。惠棟易例：「八純俗本作六世，訛。」是也）；遊魂歸魂為鬼易。」所引「孔子」云云，蓋偽託也（困學紀聞卷一四易天地人鬼條引此，云：「此占侯之學決非孔子之言」）。胡一桂嘗集《京氏易》，所撰《周易啓蒙翼傳》外篇載京氏起月例云：「一世卦陰主五月，一陰在午也；陽主十一月，一陽在子也。二世卦陰主六月，二陰在未也；陽主十二月，二陽在丑也。三世卦陰主七月，三陰在申也；陽主正月，三陽在寅也。四世卦陰主八月，四陰在酉也；陽主二月，四陽在卯也。五世卦陰主九月，五陰在戌也；陽主三月，五陽在辰也。八純上世陰主十月，六陰在亥也；陽主四月，六陽在巳也。遊魂四世所主與四世卦同。歸魂三世所主與三世卦同。」茲綜上所述表之於下：

八宮卦世應遊魂歸魂起月表

八宮卦	乾	震	坎	艮	坤	巽	離	兌	說　明
世遊魂	六陽在巳主四月				六陰在亥主十月				
一　世	姤	豫	節	賁	復	小畜	旅	困	初爻變
	一陽在子主十一月				一陰在午主五月				
二　世	遯	解	屯	大畜	臨	家人	鼎	萃	二爻亦變
	二陽在丑主十二月				二陰在未主六月				
三　世	否	恆	既濟	損	泰	益	未濟	咸	三爻亦變
	三陽在寅主正月				三陰在申主七月				
四　世	觀	升	革	睽	大壯	无妄	蒙	蹇	四爻亦變
	四陽在卯主二月				四陰在酉主八月				
五　世	剝	井	豐	履	夬	噬嗑	渙	謙	五爻亦變
	五陽在辰主三月				五陰在戌主九月				
遊　魂	晉	大過	明夷	中孚	需	頤	訟	小過	四爻復原
	同四世卦主二月				同四世卦主八月				
歸　魂	大有	隨	師	漸	比	蠱	同人	歸妹	下體亦復原
	同三世卦主正月				同三世卦主七月				

荀爽及《九家易》頗有用八宮卦世應遊歸以說卦象者，干寶尤喜用之。茲由干寶《周易注》彙其例如下：

《屯‧象傳》注：「水運將終，木德將始。」蓋以屯爲坎宮二世卦，坎水變震木也。

《比》卦辭注：「比者，坤之歸魂也。……坤德變化，反歸其所，四方既同，萬國既親，故曰比吉。」蓋以比爲坤之歸魂，示坤德反歸，以爲卦辭「比吉」之義取於此也。

《噬嗑》初九注：「以震掩巽，強暴之男也。」蓋以噬嗑爲巽宮五世卦，下體巽變爲震也。

《益》卦辭注：「在巽之宮，處震之象，是則倉精之帝同始祖矣。」謂益爲巽宮三世卦，以說明巽震同屬於木也。

《井》卦辭注：「自震化行，至于五世，改殷紂比屋之亂俗而不易成湯昭假之法度也。」謂井爲震宮五世卦，五爻皆變而上爻不變，故以喻風俗有改與不改也。

《豐》卦辭注：「豐，坎宮陰，世在五，以其宜中而憂其昃也。」謂坎宮五世至豐，變化已極，猶日至中天，行將遊歸，故憂其昃也。

《序卦》「需者飲食之道也」注：「需，坤之遊魂也。……夫坤者地也，婦人之職也，百穀果蓏之所生，禽獸魚鱉之所託也。而在遊魂變化之家，即亨爨腥實以爲和味者也。故曰：需者，飲食之道也。」蓋用遊魂說需何以爲飲食之道也。

干寶《周易注》又有用世卦起月例以說卦象者，亦彙之於下：

《蒙》卦辭注：「蒙者，離宮陰也，世在四，八月之時，降陽布德，薺麥並生。」蓋離宮陰四世卦主八月故也。

《訟》卦辭注：「訟，離之遊魂也。離爲戈兵，此天氣將刑殺，聖人將用師之卦也。」蓋離宮陰遊魂同日世卦，亦主八月故也。

《比》卦辭注：「比者，坤之歸魂也。亦世于七月。」蓋坤宮陰歸魂同三世卦，故主七月也。

《經典釋文》《周易音義》於《周易》每卦下註明八純世應遊魂歸魂，亦《京氏易傳》之遺法也。

考世應之說，原爲古術。《史記‧仲尼弟子列傳》「商瞿年長無子其母爲取室」下，《正義》引《中備》（即易緯辨終備，今易緯此文脫）云：「卦遇《大畜》，《艮》之二世。九二，甲寅木爲世，六五景（唐高祖李淵父名昞，丙者，昞之嫌名，故

譁作景）子水爲應……應有五子。」是世應爲占術之證。用以說《易》，每生支離（屈翼鵬先生秦漢魏易例述評嘗舉例明之，不贅）世卦起月例與消息矛盾，干寶竟兩用之（如蒙卦注：「蒙于世爲八月，于消息爲正月卦」），其紕繆無當，更不待言矣。

（七）八卦十二位

八卦十二位之說，出於《易緯·乾鑿度》。其言曰：「八卦成列，天地之道立，雷風水火山澤之象定矣。其布散用事也：震生物於東方，位在二月；巽散之於東南，位在四月；離長之於南方，位在五月；坤養之於西南方，位在六月；兌收之於西方，位在八月；乾制之於西北方，位在十月；坎藏之於北方，位在十一月；艮終始之於東北方，位在十二月。」又云：「艮漸正月，巽漸三月，坤漸七月，乾漸九月。」又云：「乾位在亥，坤位在未。」蓋以八卦值八方十二月也。茲圖之於下：

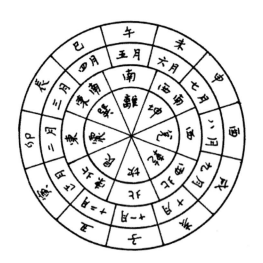

干寶《周易注》有用之以注《易》者。如《坤》上六注：「戌亥，乾之都也。故稱龍焉。陰德過度，以逼乾戰。郭外曰郊，郊外曰野。坤位未申之維，而氣溢酉戌之間，故曰于野。」蓋以乾於八卦十二位在戌亥；坤於八卦十二位在未申，中隔唯酉，故乾坤相戰，「氣溢酉戌之間」也。又《需》初九注：「郊，乾坎之際也。」蓋謂需卦乾下坎上，初九與六四相應，六四爲乾坎之際。八卦十二位：乾位戌亥，坎位子，相鄰也。又下繫「六爻相雜，唯其時物也」注：「或若以午位名離；以子位名坎。」亦指八卦十二位而言也。

（八）五德轉移

「五行」之目，初見於《尚書・洪範》；而「五德轉移」之說，則肇於《史記・孟荀列傳》：「騶衍……稱引天地剖判以來，五德轉移：治各有宜。」《淮南子・齊俗篇》高誘注引鄒子曰：「五德之次，從所不勝，故虞土、夏木、殷金、周火。」蓋以五行相剋以解釋朝代之興替也。

王肅僞撰《孔子家語》則以「五行相生」而明帝德之轉移。〈五帝篇〉云：「太皞配木，炎帝配火，黃帝配土，少皞配金，顓頊配水。」又云：「堯以火德王，色尚黃；舜以土德王，色尚青。」又云：「夏后氏以金德王，色尚黑，大事斂用昏，戎事乘驪，牲用玄。殷人用水德王，色尚白，大事斂用中，戎事乘翰，牲用白。周人以木德王，色尚赤，大事斂用日出，戎事乘騵，牲用騂。」干寶取其說以說《易》象。如：

> 《屯・象傳》注云：「水運將終，木德將勝，殷周之際也。」蓋屯爲坎宮二世卦，坎水變爲震木，故寶以「水運將終，木德將勝」說之，並託以殷周也。
>
> 《比》六三注：「周爲木德。」蓋以《比》下體坤，坤六三乙卯爲木，而託以爲周也。
>
> 《益》六二注：「在巽之宮，處震之象，是則蒼精之帝同始祖矣。」蓋以益爲巽宮三世卦，六二處下體震中，巽震皆木，其神蒼精也。
>
> 《井》卦辭注：「水，殷德也；木，周德也。」蓋以井巽下坎上，巽爲木坎爲水故也。
>
> 《震・象傳》注：「周、木德、震之正象也。」震爲木故也。
>
> 《豐》卦辭注：「殷、水德，坎象盡敗，而離居之，周伐殷居王位之象也。」蓋以豐爲坎宮五世卦，下體由坎變爲離，坎水離火，象殷敗周興也。然依相生說周爲木非火，依相剋說殷爲金非水。其說實不可通。

干寶《周易注》之言五德轉移者，全部在此。考五行相剋相生，說不盡同。鄒子以爲虞土、夏木、殷金、周火；王肅以爲虞土、夏金、殷水、周木，皆臆測之辭，干寶竟以之說《易》，誠可笑也。

（九）五　星

五星者，土星鎮星，金星太白，水星太陰，木星歲星，火星螢惑也。京房用之配卦。其法依乾震坎艮坤巽離兌八宮卦世應遊歸，分別配以土、金、水、木、火五星。茲由《京氏易傳》每卦下摘出「五星從位起某某」之詞，表之於下：

乾	姤	遯	否	觀	剝	晉	大有
鎮星	太白	太陰	歲星	熒惑	鎮星	太白	太陰
震	豫	解	恆	升	井	大過	隨
歲星	熒惑	鎮星	太白	太陰	歲星	熒惑	鎮星
坎	節	屯	既濟	革	豐	明夷	師
太白	太陰	歲星	熒惑	鎮星	太白	太陰	歲星
艮	賁	大畜	損	睽	履	中孚	漸
熒惑	鎮星	太白	太陰	歲星	熒惑	鎮星	太白
坤	復	臨	泰	大壯	夬	需	比
太陰	歲星	熒惑	鎮星	太白	太陰	歲星	熒惑
巽	小畜	家人	益	无妄	噬嗑	頤	蠱
鎮星	太白	太陰	歲星	熒惑	鎮星	太白	太陰
離	旅	鼎	未濟	蒙	渙	訟	同人
歲星	熒惑	鎮星	太白	太陰	歲星	熒惑	鎮星
兌	困	萃	咸	蹇	謙	小過	歸妹
太白	太陰	歲星	熒惑	鎮星	太白	太陰	歲星

干寶《周易注》於《下繫》「爻有等故曰物」下注云：「五星、四氣、六親、九族、福德、刑殺、眾形萬類，皆來發於爻。」所謂「五星」，即據《京氏易傳》也。唯六十四卦中，干寶絕無以五星爲釋者。儻亦知其說之不當故乎？

（十）八卦休王

休王之說，古或合言之，或分言之。合言之者，並稱五行休王，若《太平御覽》卷二十五及二十七所引〈五行休王論〉是也。分言之者，凡有三：一曰五行休王，二曰干支休王，三曰八卦休王。若隋蕭吉《五行大義》所載是也。干寶所言，乃八卦休王。故先自蕭吉《五行大義》卷二摘錄八卦休王說如下：

立春：艮王震相巽胎離沒坤死兌囚乾廢坎休。

春分：震王巽相離胎坤沒兌死乾囚坎廢艮休。

立夏：巽王離相坤胎兌沒乾死坎囚艮廢震休。

夏至：離王坤相兌胎乾沒坎死艮囚震廢巽休。

立秋：坤王兌相乾胎坎沒艮死震囚巽廢離休。

秋分：兌王乾相坎胎艮沒震死巽囚離廢坤休。

立冬：乾王坎相艮胎震沒巽死離囚坤廢兌休。

冬至：坎王艮相震胎巽沒離死坤囚兌廢乾休。

其卦從八節之氣，各四十五日。

其說出於京房，蓋易占之術。《京氏易傳》卷下：「六十四卦，遇王則吉，廢則凶。」又《御覽》卷二十三引《京房易占》曰：「夏至離王，景風用事。人君當爵有德，封有功。」卷二十五引《京房易占》曰：「立秋坤王，主涼風用事。」卷二十六引《京房易》（疑奪占字）曰：「冬至坎王，廣莫風用事。人君決大刑，斷獄訟，繕宮殿。」卷二十八引《京房易占》曰：「立冬乾王，不周風用事。人君當興邊兵，治城郭，行刑決罪。」蕭吉《五行大義》殆即取京房說也。

干寶《周易注》言及「八卦休王」者凡二：《下繫》「六爻相雜」注云：「王相為興；休廢為衰。」又《下繫》「文不當故吉凶生焉」注云：「於占則王相之氣，君子以遷官，小人以遇罪也。」唯未用經說以注六十四卦，蓋亦知《易》占之術不足以明《易》義也。

（十一）爻　位

干寶之釋爻位也，凡陽爻稱「九」，陰爻稱「六」，蓋取其「重」也。凡爻之次自下而上，始曰「初」，二五爻稱「中」，三四爻稱「虛中」，上爻曰「終」。凡陽爻居初三五，陰爻居二四上曰「得位」；否則曰「失位」。初與四，二與五，三與上，陰陽互異曰「應」，否則曰「失應」。凡爻居爻上曰「乘」，以陽爻乘陰爻曰「據」，以陰爻乘陽爻為「危」。凡爻居爻下曰「承」。凡此皆《易》象通例，《彖》《象》多已發之。至於以初二爻為地；三四爻為人；五六爻為天；則同鄭玄之說。又以初為元士，二為大夫，三為諸侯，四為三公，五為天子，六為宗廟，則京房之說而稍變之。若夫一為室，二為戶，三為庭，四為門，上為郊，則唯干寶言之。茲分別述之。

1. 九六例

凡陽爻稱「九」，陰爻稱「六」，皆取其「重」也。干寶《周易注》於《乾》初九下注云：「陽重故稱九」；於《坤》初六下注云：「重陰故稱六。剛柔相推故生變；占變故有爻，《繫》曰：『爻者，言乎變者也。』故《易》繫辭皆稱九六也。」（干寶所謂重陽重陰，猶老陽老陰也，詳佚文）。

2. 初中終例

凡爻之次皆自下而上，始曰「初」。二、五爻稱「中」，蓋以其居內外卦之中也；三、四爻亦稱「虛中」蓋以其居全卦之中也。上爻曰「終」。干寶《周易注》

於《乾》初九下注曰：「位始故稱九。」於《比》六二下注曰：「二在坤中。」《升》九二注：「剛中。」《未濟》九五注：「五居中。」於《乾》九四下注曰：「四，虛中也。」於《乾》上九下注曰：「乾體既備；上位既終。」

3. 地人天例

初、二爻爲地；三、四爻爲人；五、六爻爲天。干寶《周易注》於《乾》初九下注云：「陽處三泉之下。」於《乾》九二下注云：「二爲地上。」於《坤》初六注云：「陰氣初動於三泉之下。」於《坤》六二注云：「陰出地上。」於《姤》九五下注云：「二又爲田。」蓋以初二爻爲地。於《乾》九三下注云：「人爲靈。」蓋以三於三才爲人。於《乾》九五下注云：「五爲天位。」於《夬·象傳》下注云：「夬九五則飛龍在天之爻也。」蓋以五於三才爲天。以上皆言地人天之位也。

4. 遠近例

凡爻自下至上可示由近至遠。一爲室，二爲戶，三爲庭，四爲門。於《革》九四下注云：「爻入上象，喻紂之郊。」於《師》上六下注云：「上爲郊。」於《噬嗑》初九下注云：「初居剛躁之家。」於《比》六三六四下皆注云：「在比之象。」《益》六三注云：「在益之家。」《既濟》六三注云：「在既濟之家。」豐上六注云：「在豐之家。」以上皆言其遠近也。

5. 貴賤例

爻位貴賤，爲京房之說。京房以初爲元士，二爲大夫，三爲三公，四爲諸侯，五爲天子，六爲宗廟（詳佚文屯六三條）。《易緯·乾鑿度》說同。干寶用之說《易》，唯以三爲諸侯，四爲三公，與京氏異。干寶《周易注》於《比》六三下注云：「有土之君也。」於《井》九三下注云：「此託殷之公侯。」於《坤》六三下注云：「陽降在四，三公位也。」《比》六四注：「四爲三公；上比聖主（五也）；下御列國（三也）。」《蹇》九五注：「而當王位。」《鼎》六五注：「尙三公（謂四）者，王也。」《師》上六注：「五常爲王位，上六爲宗廟。」以上皆言其貴賤也。

6. 得失例

凡陽居初、三、五；陰爻居二、四、上，曰「得位」。否則曰「失位」，或曰「失正」「位不當」。《彖》《象》已有此例，干寶從之。故其《周易注》於《需》初九及《震》初九下皆注云：「得位。」於《噬嗑》初九下注云：「得位于初。」於《比》六二及《震》六二下皆注云：「得位。」於《比》六四下注云：「得其位。」於《革》上六下注云：「得位。」於《蒙》卦初六下注云：「初二失位。」（蒙九二亦失位）《坎》六三注云：「又失其位。」《益》六三注云：「六三失位。」《未濟》

六三注云：「位不當也。」《未濟》初三五皆陰、二四上皆陽，干寶《注》曰：「剛柔失正。」以上皆言其得失也。

7. 應　例

初與四、二與五、三與上，陰陽互異曰「應」。《彖》《象》多有此例，干寶從之。如其於《需》初九注云：「有應。」謂與六四相應。《比》六二注云：「應五。」謂與九五相應。《升》九二注云：「剛中而應。」謂與六五相應。《蹇》九五注云：「應二。」謂與六二相應。《未濟》注云：「五居中應剛。」謂六五與九二相應。《未濟・象傳》注云：「六爻皆相應。」否則曰「无應」《革》初九注：「无應。」謂與九四皆陽也。《震》六二注云：「无應。」謂與六五皆陰也。《旅》六五注云：「下又无應。」謂與六二失應也。以上皆言應與失應也。

8. 乘據承

凡爻居爻上曰「乘」；以陽爻乘陰爻曰「據」；以陰爻乘陽爻爲「危」。凡爻居爻下曰「承」，相應兩爻之下爻亦曰「承」。干寶《周易注》於《蹇》九五下注云：「承上據四。」蓋《蹇》九五在上六之下，故曰「承上」；居六四之上，故曰「據四」。《震》六二注云：「乘剛爲危。」謂《震》六二居初九之上，故「爲危」。《未濟》九二注：「以承五命。」則謂九二承六五之命也。以上皆干寶言乘據承之例也。

（十二）爻　體

爻體之說，附會於《說卦》。《說卦》：「震一索而得男」，故初九、九四爲震爻；「坎再索而得男」，故九二、九五爲坎爻；「艮三索而得男」，故九二、九五爲坎爻；「艮三索而得男」，故九三，上九爲艮爻；「巽一索而得女」，故初六，六四爲巽爻；「離再索而得女」，故六二、六五爲離爻；「兌三索而得女」，故六三、上六爲兌爻。鄭玄已用爻體說《易》象（詳佚文節下繫六爻相雜條）。干寶《周易注》於《下繫》「六爻相雜唯其時物也」下注云：「一卦六爻，則皆雜有八卦之氣。若初九爲震爻，九二爲坎爻也。」即爻體之說也。又於《旅》六五下注云：「一陰升乾，故曰一矢。」蓋以六五爲離爻，而離爲矢（見卦象條）故也。是干寶注《易》卦，亦有以爻體爲說者。

（十三）納甲及納支（納支應時、卦身、納支應情附）

納甲者，以八卦配十干也。舉甲以該十干，故曰「納甲」。若更配以十二支，則名之曰「納支」。

納甲之法，以乾納甲壬，坤納乙癸，震納庚，巽納辛，艮納丙，兌納丁，坎

納戊，離納己。納支之法：凡乾在內卦則爲甲而納子寅辰，故初九爲甲子，九二爲甲寅，九三爲甲辰也。在外卦則爲壬而納午申戌，故九四爲壬午，九五爲壬申，上九爲壬戌也。凡坤在內卦則爲乙而納未巳卯，在外卦則爲癸而納丑亥酉；法與乾同。若震止納庚，則初九爲庚子，六二爲庚寅，六三爲庚辰，九四爲庚午，六五爲庚申，上六爲庚戌。巽止納辛，則初六爲辛丑，九二爲辛亥，九三爲辛酉，六四爲辛未，九五爲辛巳，上九爲辛卯。坎離艮兌，依震巽例推之。惠棟《易漢學》卷四有八卦六位圖，出《火珠林》，即其法也，茲錄如下：

乾屬金	坤屬土	震屬木	巽屬木	坎屬水	離屬火	艮屬土	兌屬金
壬戌土	癸酉金	庚戌土	辛卯水	戊子水	己巳火	丙寅木	丁未土
壬申金	癸亥水	庚申金	辛巳火	戊戌土	己未土	丙子水	丁酉金
壬午火	癸丑土	庚午火	辛未木	戊申金	己酉金	丙戌土	丁亥水
甲辰土	乙卯木	庚辰土	辛酉金	戊午火	己亥水	丙申金	丁丑土
甲寅木	乙巳火	庚寅土	辛亥水	戊辰土	己丑土	丙午火	丁卯木
甲子水	乙未土	庚子水	辛丑土	戊寅木	己卯木	丙辰土	丁巳火

　　納甲納支之法，莫詳所始。考《易》卜源於龜卜，而卜辭已著干支。以卦爻配干支似爲古法。《禮記・月令・正義》引《易林》曰：「震主庚子午，巽主辛丑未，坎主戊寅申，離主己卯酉，艮主丙辰戌，兌主丁巳亥。」說與《火珠林》合，則西漢焦貢《易林》已有此說。儻焦貢獨得隱士之說，以授京房者與？京房《易傳》卷下：「分天地乾坤之象，益之以甲乙壬癸；震巽之象配庚辛；坎離之象配戊己；艮兌之象配丙丁，八卦分陰陽，六位配五行。光明四通，變易立節。」即述納甲之術也。

　　干寶《周易注》於《下繫》「六爻相雜唯其時物」下注云：「或若見辰戌言艮，己亥言兌也。」乃納支也。又注云：「或若以甲壬名乾，以乙癸名坤也。」乃納甲也。並頗有用此法以注六十四卦者，如：

　　《乾》初九注：「初九甲子。」《乾》九四「或躍在淵」注：「淵謂初九甲子，龍之所由升也。此武王舉兵孟津觀釁而退之爻也。」蓋以納支法乾初九甲子水，

故以喻武王孟津甲子之事。

《坤》上六注：「爻終於酉。」蓋以納支法坤上六癸酉金也。

《蒙》初六注：「初六戊寅，平明之時，天光始照，故曰發蒙。」蓋以蒙下體
坎，納支法坎初六戊寅木。「平明之時，天光始照。」則納支應時之例
也。

《井》初六注：「在井之下，體木土爻。」蓋以井下體巽，巽初六辛丑土也。

《震》六二注：「六二木爻，震之身也。」蓋以納支法震六二庚寅木，故「六
二木爻」。又云「震之身也」者，則「卦身」之說。惠棟《易漢學》卷
五：「震爲木，六二庚寅亦木也。故曰震之身。然則乾之九四壬申金，
坎巽離之上爻戊子水、辛卯木、己巳火，兌之九五丁酉金，皆身也；
坤艮有二身，坤初六乙未、六四癸丑、艮初六丙辰、六四丙戌皆土也。」

以上皆干寶言納甲納支之例，而卦身及納支應時之例附焉。

又：《漢書・翼奉傳》載奉上封事曰：

北方之情，好也；好行貪狼，申子主之。

東方之情，怒也；怒行陰賊，辛卯主之。

南方之情，惡也；惡行廉貞，寅午主之。

西方之情，喜也；喜行寬大，巳寅主之。

上方之情，樂也；樂行姦邪，辰未主之。

下方之情，哀也；哀行公正，戌丑主之。

干寶《周易注》用之說《易》，如：

《蒙》初六注云：「初六戊寅，寅爲貞廉。」蓋以蒙下體坎，坎初六戊寅，依
翼奉應情例爲貞廉也。

《比》六二注云：「而體寬大，君樂民人自得之象也。」蓋以比下體坤，坤六
二乙巳，依翼奉應情例爲寬大也。

《比》六三注云：「辰體陰賊。」蓋以比下體坤，坤六三納乙卯爲木辰，依翼
奉應情例爲陰賊也。

《噬嗑》初九注云：「體貪狼之性。」蓋以噬嗑下體震，震初九庚子，依翼奉
應情例爲貪狼也。

《益》六三注云：「六三失位，而體姦邪。」蓋以益下體震，震六三庚辰，依
翼奉應情例爲姦邪也。

《節》上六注云：「懷貪狼之志。」蓋以節上體坎，坎上六戊子，依翼奉應情
例爲貪狼也。

　　以上則干寶《周易注》用納支應情說易象之例也。

（十四）爻　等

　　爻等者，係據納支、世應，而更益以五行生尅者也。設以八純卦爲母，爻爲子，則於五行凡子尅母者曰鬼（或稱官鬼、鬼吏），爲繫爻（或稱困）；母尅子者曰財（既寶貝），爲制爻；子生母者曰天地（即父母）、爲義爻；母生子者曰福德（即子孫），爲寶爻（或稱保）；母子同曰兄弟，爲專爻（京氏易傳如此，揆諸靈寶經、淮南子，殆是；惠棟易例作魯爻，「專」、「魯」形似而誤也）。其說干寶附會於《易·繫辭》（詳下文），其實干支生尅之說，《靈寶經》、《淮南子》皆言之（靈寶經，惠棟以爲周秦時書。抱朴子引之，謂：「支干上生下曰寶日；下生上曰義日；上克下曰制日，下克上曰伐日；上下同曰專日。」淮南子天文篇：「子生母曰義；母生子曰保；子母相得曰專；母勝子曰制；子勝母曰困」），京房首用之說《易》（京氏易傳卷上，乾卦：「水配位爲福德；木入金鄉居寶貝；土臨內象爲父母；火來四上嫌相敵；金入金鄉木漸微。」陸績注：「甲子水是乾之子孫；甲寅木，乾之財；甲辰土，乾父母；壬午火，乾官鬼；壬申金，同位傷木。」又卷下易積算法：「八卦鬼爲繫爻，財爲制爻，天地爲義爻，福德爲寶爻，同氣爲專爻」）。後世從之者，唯《九家易》（小畜九五象「不獨富也」，集解引九家易曰：「五以四陰作財，與下三陽共之，故曰不獨富也。」蓋以卦體木，六四辛未土，母尅子曰財也）及干寶耳。

　　干寶《周易注》於《下繫》「六爻相雜唯其時物」下注云：「或若德來爲好物，刑來爲惡物。」蓋謂五行受生爲德爲好，五行克害爲刑爲惡也。又《下繫》「爻有等故曰物」下注云：「等，群也。爻中之義，群物交集，五星四氣，六親九族，福德形殺，眾形萬類，皆來發于爻，故總謂之物也。」所謂「六親九族福德形殺」即五行母子生尅也。干寶且用之以說卦象。其注《比》六三云：「六三乙卯，坤之鬼吏。」即以比卦坤下坎上，爲坤宮歸魂卦。坤爲土，坤六三納乙卯，木也。木尅土，爲子尅母，故六三爲坤之鬼吏。蓋「爻等」之說也。干寶《周易注》之言《易》象，皆在此矣。

　　綜上所述：干寶之論《周易》之作者，以爲生蓍立卦者爲伏羲；卦爻辭之作者，干寶未明言之；《易傳》中之《文言》、《序卦·雜卦》，皆屬之於「夫子」。

　　其作《周易注》所據之底本爲王弼本；而偶用孟喜、鄭玄本訂正弼本；不從京房本。

　　其釋《易》義也：有釋字義者（或釋其名詞術語，或純屬字義訓詁，或言其喻意）；有明章法者；有闡《易》旨者；喜託人事而闡其義理。《周易》每以個人生命之來源爲根據，而類推及其他事物之來源；又以其他事物之現象爲根據，而類推及個人行爲之法則。干寶於此二端均有所體認。其言人事義理，即由此二基論出發。於《周易》退省、進修、中和之義，嘗三致意焉。至其注解之依據，或依《周易》卦辭、爻辭、《文言》、《彖傳》、《象傳》、《繫辭傳》、《說卦傳》、《序卦傳》、《雜卦傳》以爲注。以本書注本書，其例最善。或依《尚書》、《詩經》、《周禮》、《禮記》、《穀梁》、《左傳》、《論語》、《白虎通》、《說文》、《易緯》、《老子》、《莊子》以爲注，徵引繁富，足證其淵博。或從子夏（韓嬰也）、馬融、鄭玄、荀爽、虞翻、王肅、杜預、王弼之說以爲注。除韓嬰、虞翻外；其他馬、鄭、二王、杜預，皆爲傳費氏《易》者，蓋干寶說《易》義，亦多從費氏也。至其好以史事說《易》，據殷、周之際史事爲注者，十有八焉。則本於《繫辭傳》「《易》之興也當文王與紂之事」之語，復因《周易》卦爻辭中多殷周故事之故，而《毛詩·大小序》之以史解《詩》，亦頗予以影響也。《周易》之貴，在乎人人皆可自中覓取教訓；而干寶多以周史釋之，遂使《周易》降爲周家紀事之書，讖數妖災之言，《易》義小矣，是其陋也。

　　其釋《易》象也：由「卦體」而言「卦象」「反卦」；由「爻位」而言「得失」「相應」「乘據承」。固《彖》《象》《說卦》所已有，傳《易》諸儒所共言。然干寶又由「卦象」而言「爻象」「逸象」；由「爻位」而言「遠近」「貴賤」。並有「互體」「消息」「卦氣」「八宮卦世應遊魂歸魂」「世卦起月例」「八卦十二位」「五德轉移」「五星」「八卦休王」「爻體」「卦身」「納甲」「納支」「納支應時」「納支應情」「爻等」諸例，大抵皆京房之學，非惟取自《京房易傳》（近人沈延國以京房易傳，不載於漢隋唐之志：又考其辭旨，不類宣元之文：其卜筮之法，又與京房寒溫占驗之學異：因證其書爲宋人晁說之所僞撰，詳見中華書局《中國語文學研究》書中〈京氏易傳證僞〉篇。案：漢志載孟氏京房十一篇，災異京房六十六篇，及京房段嘉十二篇。凡三種八十九篇，則京氏易傳不可謂漢志未著錄；京房易學本以災異占候勝，則京氏易傳所記卜筮不能證爲非京氏之學；又虞翻干寶易注，頗從京氏易傳之法，不可謂京氏易傳爲趙宋時晁說之所僞撰。茲不從沈君之說），抑亦取自《京房易占》也（並已詳上文）。《晉書·干寶傳》謂寶「性好陰陽術數，留思京房、夏侯勝等傳。」殆非虛言。張惠言《易義別錄》嘗譏「令升之爲《京氏易》者，非京氏也」，其言曰：「令升則不然，其所以爲象者，非卦也，爻也；其所取于爻者，非爻也，干支也；由干支而有五行（萱案：行，干寶原文作星）

四氣六親九族福德刑殺：此皆無與于卦也。故乾之爲甲也，震之爲庚也，離之爲己也，此見于經也，干支爲卦象也；以甲壬名乾，以乙癸名坤，見辰戌名艮，見己亥名兌，則卦爲干支象也。以甲子爲水而乾象淵；以庚辰窮水而震象姦邪，顛倒乖舛，《說卦》之義盡謬矣。京氏之義，其本在卦氣消息，其用在爻變，考之其傳及章句遺文可知。令升曾不之察，而獨取其所以占候者以爲象。然則令升爲《京氏易》者，非京氏也。」張氏所言，可商者二。其一：「五星四氣六親九族福德刑殺」，爲干寶注《繫辭傳》語。干寶注六十四卦，唯於《比》六三云：「六三乙卯，坤之鬼吏。」用其說，此外未再有聞。「見甲壬名乾，見乙癸名坤，見辰戌名艮，見己亥名兌。」亦爲干寶注《繫辭傳》語。其文用倒裝句法，乃修辭錯綜之例。意謂乾納甲壬、坤納乙癸、艮納辰戌、兌納己亥也。干寶注六十四卦，絕未顛倒說之，此可覆案上文所彙干寶納甲納支例而知。張惠言以干寶言象，非卦非爻；乃由干支而有五行四氣六親九族福德刑殺。執一例以概全體，厚誣令升矣。又曲解干寶注繫辭之錯綜辭法，不察其注六十四卦之實未倒言。遽以「顛倒乖舛」譏干寶，亦嫌武斷也。其二：「五星四氣六親九族福德刑殺」及納甲納支之說，《京房易傳》皆明著之（並詳各該條佚文案語），非僅見於《京房易占》。張氏以令升「獨取其（指京房）所以占候者以爲象」，而斷定「令升爲《京氏易》者，非京氏也」，蓋曲爲《京易》辯護，不惜以令升爲犧牲。師心自用，囿於成見，一至於此，亦可歎也。

　　總而言之：干寶生東晉之世，值弼學鼎盛。故所注《周易》，即採弼本爲底本，所說《易》義，頗有取於費氏者，又好取殷周之際史事以說《易》。然說《易》象，則多本京房。其注駁雜，不主一家。精言奧旨，固頗有之；附會虛妄，亦不能免也。

第三節　佚　文

周易上經

≡≡ ^{乾下}_{乾上} 乾

初九，潛龍勿用。

《注》：位始故稱初；陽重故稱九。陽在初九，十一月之時自復來也。初九甲子，天正之位，而乾元所始也。陽處三泉之下，聖德在愚俗之

中，此文王在羑里之爻也。雖有聖明之德，未被時用，故曰勿用。（李
鼎祚集解引。張馬孫黃皆輯之。又李衡周易義海撮要引干寶：「道未可行，漢祖爲
泗上亭長，文王在羑里之時。」張惠言輯之。）

案：干寶云「位始故稱初」者，《易》之通解也（易源於龜卜，卜辭每先下後上，
　　故卦爻亦然。易緯乾鑿度已有「易氣從下生」之說，鄭玄彼注云：「易本無形，
　　自微及著，故氣從下生，以下爻爲始也。」干寶意殆與鄭玄同也）。云「陽重
　　故稱九」者，陽重猶言陽老，指老陽數九也（孔穎達周易正義：「陽爻稱九，
　　陰爻稱六，其說有二。一者，乾體有三畫，坤體有六畫。陽得兼陰，故其數
　　九；陽不得兼陽，故其數六。二者，老陽數九，老陰數六。老陰老陽皆變，
　　周易以變者爲占，故杜元凱注襄九年傳『遇艮之八』及鄭康成注易皆稱周易
　　以變者爲占，故稱九稱六。」觀干寶注坤初六云：「重陰故稱六，剛柔相推故
　　生變，占變故有爻，繫曰：『爻者，言乎變者也。』故易繫辭皆稱九六也。」
　　則屬正義所謂第二說也。張惠言易義別錄于氏卷上：「重陽猶言老陽也；自七
　　進九，故重。」李道平本之，於周易集解纂疏云：「乾鑿度曰：『陽變七之九』，
　　故重陽爲老稱九。」皆以老陽釋陽重，並是也）。云「陽在初九，十一月之時，
　　自《復》來」者，爲孟喜、京房「卦氣」「消息」之說（新唐書曆志一行卦議
　　曰：「十二月卦，出於孟氏章句。」漢書京房傳載房上封事曰：「然少陰倍力
　　而乘消息。」）。其說附會於《繫辭傳》上「乾」「坤」「變通配四時」之言（易
　　繫辭傳上：「夫乾，其靜也專，其動也直，是以大生焉；夫坤，其靜也翕，其
　　動也闢，是以廣生焉。廣大配天地，變通配四時；陰陽之義配日月，易簡之
　　德配至德。」），又參考《易緯‧稽覽圖》十二天子卦（稽覽圖卷下：「天子泰
　　正月，天子夬三月，天子姤五月，天子否七月，天子剝九月，天子復十一月。」
　　又：「天子大壯二月，天子乾四月，天子遯六月，天子觀八月，天子坤十月，
　　天子臨十二月。」蓋以此十二卦爲天子，其他四十八卦（不含坎震離兌四卦）
　　爲雜臣。凡六十卦，每卦六爻，計三百六十爻。每爻值一日，凡三百六十日。
　　餘五又四分之一日由六十卦平分，每卦得八十分之七日。魏書律曆志正光術
　　有「求次卦」術，所列十二月分配六十卦，與稽覽圖合。）之說而成。及虞
　　翻用以注《易》（虞翻說見繫辭傳上「變通配四時」下注，其言曰：「變通趨
　　時，謂十二月消息也。泰、大壯、夬，配春；乾、姤、遯，配夏；否、觀、
　　剝，配秋；坤、復、臨，配冬。謂十二月消息變通而周於四時也。」）。干寶
　　更以乾坤十二爻配合十二消息卦以示一年十二月，蓋以陰陽之盈虛衡諸寒暑

之消長也（干寶易注於乾卦「初九十一月之時自復來也」之外，又云乾「九二十二月之時自臨來也」「陽在九三正月之時自泰來」「陽氣在四二月之時自大壯來也」「陽在九五三月之時自夬來也」「陽在上九四月之時也」，又云坤「陰氣在初五月之時自姤來也」「陰氣在二六月之時自遯來也」「陰氣在三七月之時自否來也」「陰氣在四八月之時自觀來也」「陰氣在五九月之時自剝來也」「陰在上六十月之時也」。以乾坤十二爻配合復、臨、泰、大壯、夬、乾、姤、遯、否、觀、剝、坤、以表示十二月，其說並詳此，下略）。宋王應麟《困學紀聞》猶從之（卷一：「乾初九，復也。潛龍勿用，即閉關之義」）。云「初九甲子天正之位而乾元所始也」者，「初九甲子」爲「納支」也（納支者，以八卦六畫分納十干十二支也。其於十支，以乾納甲壬，坤納乙癸，震納庚，巽納辛，艮納丙，兌納丁，坎納戊，離納己：是爲「納甲」。更以十二干配之：凡乾在內卦則爲甲而納子寅辰，故初九爲甲子，九二爲甲寅，九三爲甲辰也。在外卦則爲壬而納午申戌，故九四爲壬午，九五爲壬申，上九爲壬戌也。凡坤在內卦則爲乙而納未巳卯，故初六爲乙未，六二爲乙巳，六三爲乙卯也。在外卦則爲癸而納丑亥酉，故六四爲癸丑，六五爲癸亥，上六爲癸酉也。因乾坤各納兩干，故內外所納不同。若震止納庚，則初九爲庚子，六二爲庚寅，六三爲庚辰，九四爲庚午，六五爲庚申，上六爲庚戌。巽止納辛，則初六爲辛丑，九二爲辛亥，九三爲辛酉，六四爲辛未，九五爲辛巳，上九爲辛卯。坎離艮兌四卦依震巽例推之。惠棟易漢學卷四有八卦六位圖，出火珠林，即其法也），茲錄如下：

乾 屬金	坤 屬土	震 屬木	巽 屬木	坎 屬水	離 屬火	艮 屬土	兌 屬金
壬 土 戌	癸 金 酉	庚 土 戌	辛 水 卯	戊 水 子	己 火 巳	丙 木 寅	丁 土 未
壬 金 申	癸 水 亥	庚 金 申	辛 火 巳	戊 土 戌	己 土 未	丙 水 子	丁 金 酉
壬 火 午	癸 土 丑	庚 火 午	辛 土 未	戊 金 申	己 金 酉	丙 土 戌	丁 水 亥
甲 土 辰	乙 木 卯	庚 土 辰	辛 金 酉	戊 火 午	己 水 亥	丙 金 申	丁 土 丑
甲 木 寅	乙 火 巳	庚 木 寅	辛 水 亥	戊 土 辰	己 土 丑	丙 火 午	丁 木 卯

▬ 水甲子	▬▬ 土乙未	▬ 水庚子	▬▬ 土辛丑	▬ 木戊寅	▬ 木己卯	▬▬ 土丙辰	▬ 火丁巳

其說莫詳所始，京房已以之說災異。（易卜既源於龜卜，而甲骨卜辭已有干支，以卦爻配干支似爲古法。禮記月令正義引易林曰：「震主庚子午，巽主辛丑未，坎主戊寅申，離主己卯酉，艮主丙辰戌，兌主丁巳亥。」說與火珠林合。則西漢焦貢作易林已有此說。儻焦貢獨得隱士之說，以授京房者歟？京房易傳卷下曰：「分天地乾坤之象。益之以甲乙壬癸：震巽之象配庚辛，坎離之象配戊己：艮兌之象配丙丁。八卦分陰陽，六位配五行。光明四通，變易立節」）。虞翻復用之說《易》（繫辭上傳：「在天成象。」集解引虞翻曰：「謂日月在天成八卦，震象出庚兌象見丁，乾象盈甲，巽象伏辛，艮象消丙，坤象喪乙，坎象流戊，離象就己，故在天成象也」）。甲子者，干支之首，故云「天正之位而乾元所始也」。云「陽處三泉之下，聖德在愚俗之中」者，干寶以《乾》卦初爲地下，二爲地上，三爲人，五在天位（並見各該爻）。蓋從鄭玄義（集解於乾九二引玄云：「二于三才爲地道。」於九三引玄云：「三于三才爲人道。」於九五引玄云：「五于三才爲天道。」）。故以《乾》初九乃「陽處三泉之下」，即地下之意；推之人事，猶「聖人在愚俗之中」也。云「此文王在羑里之爻也。雖有聖明之德，未被時用，故曰勿用」者，此舉文武時事以說爻義（李衡周易義海撮要於「文王在羑里之時」上，更有「漢祖爲泗上亭長」句）。程頤以舜事說《乾》（其言曰：「在側陋便是潛，陶漁時便是見，升聞時便是乾乾，納于大麓時便是躍。」見周易會通及大易集義粹言所引）。李光《讀易詳說》、楊萬里《誠齋易傳》並好以史事證《易》，殆濫觴于干寶與。

九二，見龍在田，利見大人。

《注》：陽在九二，十二月之時，自臨來也。二為地上，田在地之表而有人功者也。陽氣將施，聖人將顯，此文王免於羑里之日也，故曰利見大人。（集解引，四家皆輯之。）

案：云「陽在九二，十二月之時，自臨來也」者，此孟喜京房卦氣之說也（詳已見上條）。云「二爲地上，田在地之表而有人功者也」者，從鄭玄、王弼義（鄭玄已見九一條；王弼周易注曰：處於地上，故曰在田）；孔穎達《正義》略與之同（正義：「田是地上，可營爲有益之處。陽氣發在地上，故曰在田。且一之與二，俱爲地道，二在一上，所以稱田」）云「陽氣將施，聖人將顯，此文王免於羑里之日也，故曰利見大人」者，以史事喻《易》也。後世或以「舜

之得堯」當之（胡瑗易傳：「若舜之得堯，禹之得舜，伊尹呂望之得湯武是也。」見李衡撮要引），或以「舜之田漁時」當之（程頤易傳：「田，地上也，出見於地上，其德已著。以聖人言之，舜之田渙時也」），或以「夫子教於洙泗」當之（正義：「龍見在田之時，猶似聖人久潛稍出，雖非君位，而有君德，故天下眾庶，利見九二之大人，故先儒云，若夫子教於洙泗，利益天下，有人君之德，故稱大人」），或以「沛公入關」諸事當之（房審權周易義海：「若西伯治岐，力行仁政，二老來歸；沛公入關，約法三章，秦民大悦。天下之人，已利見之矣，雖非君位，亦君德也。」見李衡撮要所引）。雖所舉之事或異；要之，其以史喻《易》則同也。

九三，君子終日乾乾，夕惕若厲，无咎。（案：「夕惕若」為一句，「厲无咎」為一句。此處標點從干寶義。）

《注》：爻以氣表，繇以龍興。嫌其不關人事，故著君子焉。陽在九三，正月之時自泰來也。陽氣始出地上，而接動物。人為靈，故以人事成天地之功者，在於此爻焉。故君子以之憂深思遠，朝夕匪懈；仰憂嘉會之不序，俯懼義和之不逮；反復天道，謀始反終，故曰終日乾乾。此蓋文王反國，大釐其政之日也。凡无咎者，憂中之喜，善補過者也。文王（李道平纂疏本作「恨」，孫馬黃輯同。張惠言訂作「王」，是）早耀文明之德，以蒙大難，增脩柔順，以懷多福，故曰无咎矣。（集解引，四家皆輯之。）

案：云「爻以氣表，繇以龍興」者，言九六之爻既以卦氣表之，爻辭復以龍象興之也（張惠言易義別錄：「爻以氣表，謂九六也；繇以龍興，繇，爻辭，謂乾爻皆龍象。」李道平纂疏即全用張義。萱案：興者，賦比興之興）。云「嫌其不關人事，故著君子焉」者，可證干寶以《易》於卦氣及《易》象之外，復有以人事說之者。云「陽在九三，正月之時，自泰來也」者，此卦氣說也（已詳九一條）。云「陽氣始出地上，而接動物；人為靈，故以人事成天地之功者，在於此爻焉」者，從鄭玄「三于三才為人道」之說，故以「人事」當「此爻」也。九三既「以人事成天地之功」，於是干寶據以說「君子終日乾乾夕惕若厲」，曰：「故君子以之憂深思遠，朝夕匪懈。仰憂嘉會之不序，俯懼義和之不逮。反復天道，謀始反終，故曰終日乾乾。」矣。又云「此蓋文王反國大釐其政之日也」者，復舉周家事以證也。云「凡无咎者，憂中之喜，善補過者也」者，據《上繫》：「无咎者，善補過也。」而云然。云「文

王早耀文明之德，以蒙大難，增脩柔順，以懷多福，故曰无咎矣。」又釋无咎之故，其說與荀爽合也（集解引荀爽曰：「疾脩柔順，危去陽行，故曰无咎。」）。

九四，或躍在淵，无咎。

《注》：陽在九四，二月之時，自大壯來也。四，虛中也；躍者，暫起之言。既不安於地，而未能飛於天也。四以初為應，淵謂初九甲子，龍之所由升也。或之者，疑之也。此武王舉兵孟津觀釁而退之爻也。守柔順則逆天人之應，通權道則違經常之教，故聖人不得已而為之，故其辭疑矣。（集解引，四家皆輯之。）

案：云「陽在九四、二月之時，自大壯來也」者，此卦氣說也。云「四，虛中也；躍者，暫起之言。既不安於地，而未能飛於天也」者，此就《文言》「九四上不在天，下不在田，中不在人。」及鄭玄三四居三才之中之義以申明之也。云「四以初為應；淵謂初九甲子，龍之所由升也」者，此言「應」及言「納支」之例也。《象傳》已言應，多指初四、二五、三上，陰陽互異而相應（如師九二應六五，比九五應六二，小畜六四應初九，履六三應上九，同人六二應九五，大有六五應九二，豫九四應初六，臨九二應六五，無妄九五應六二，遯九五應六二，睽六五應九二，萃九五應六二，升九二應六五，鼎六五應九二。又有六爻皆相應者，咸損未濟是也。艮六爻皆不相應，則曰敵應）。然《坤》六爻皆陰，而《象傳》曰「應地無疆。」此干寶所以言《乾》九四應初九與？納支之例，則已詳乾初九條。馬融偶亦從之，《集解》於《乾》初九引融云：「初九建子之月，陽氣始動於黃泉。」殆干寶「淵謂初九甲子」之所本也（火珠林八卦六位圖以乾初九甲子水，即由孟京馬干之說歸納而得者）。云「或之者，疑之也」者，《文言》文（李道平已言）。「此武王舉兵孟津觀釁而退之爻也」者，以周家革紂之事而說《易》也。「守柔順則逆天人之應，通權道則違經常之教，故聖人不得已而為之，故其辭疑矣」云云，則又由武王革紂事以論「或之者，疑之也」之意。

九五，飛龍在天，利見大人。

《注》：陽在九五，三月之時自《夬》來也。五在天位，故曰飛龍。此武王克紂正位之爻也。聖功既就，萬物既覩，故曰利見大人矣。（集解引，四家皆輯之。）

案：云「陽在九五，三月之時自《夬》來也」者，卦氣之說也。云「五在天位，故曰飛龍」者，據《文言》「飛龍在天乃位於天德」及鄭玄「五於三才爲天道。天者清明无形，而龍在焉，飛之象也」云然。云「此武王克紂正位之爻也」者，舉周史以當之。云「聖功既就，萬物既覩，故曰：利見大人矣。」亦據《文言》「聖人作而萬物覩」之意而言之也（文言：「九五曰：『飛龍在天，利見大人。』何謂也？子曰：同聲相應，同氣相求。水流濕，火就燥。雲從龍，風從虎。聖人作而萬物覩。本乎天者親上，本乎地者親下，則各從其類也」）。

上九，亢龍有悔。

《注》：陽在上九，四月之時也。亢，過也。乾體既備，上位既終。天之鼓物，寒暑相報。聖人治世，威德相濟。武功既成，義在止戈。盈而不反，必陷於悔。（集解引，四家皆輯之。）

案：云「陽在上九，四月之時也」者，卦氣說也。云「亢過也」者，王弼義也（王弼周易注於乾初二下云：「上則過亢」）。以下「乾體既備，上位即終，天之鼓物，寒暑相報。聖人治世，威德相濟。武功既成，義在止戈。盈而不反，必陷於悔」云云，則《文言》「知進退存亡」及《序卦》「物不可以終……」之意（文言：「亢之爲言也，知進而不知退，知存而不知亡，知得而不知喪？其唯聖人乎，知進退存亡而不失其正者，其唯聖人乎！」序卦：「物不可以終通」「物不可以終否」「物不可以終盡」「物不可以終過」「物不以久居其所」「物不可以終壯」「物不可以終難」）。由天象而推及人事也。

象曰：天行健，君子以自強不息。

《注》：言君子，通之於賢也。凡勉強以進德，不必須在位也。故堯舜一日萬幾，文王日昃不暇食，仲尼終夜不寢，顏子欲罷不能。自此以下，莫敢淫心捨力，故曰自強不息矣。（集解引，四家皆輯之。）

案：云「言君子，通之於賢也。凡勉強以進德，不必須在位也」者，君子一詞，率有三義：或云盛德之稱（儀禮鄉飲酒禮：「以告於先生君子可也。」鄭玄注：「君子，國中有盛德者。」論語學而：「人不知而不慍，不亦君子乎！」亦用此義）。或云有位之名（詩小雅雨無正：「凡百君子。」鄭玄箋：「謂眾在位者。」論語陽貨：「君子學道則愛人。」亦用此義）；或云特指占者（朱熹周易本義乾九三「君子終日乾乾」下注云：「君子指占者而言」）。干寶以《易》言君子

不必在位，蓋以爲盛德之稱。而孔穎達以爲有位之名，則異焉（孔穎達歸納易象傳言「先王」者亡，言「后」者二，其餘四十五卦皆稱「君子」。故以：「言君子者，謂君臨上位，子愛下民，通天下諸侯兼公卿大夫有地者言。凡言君子，義皆然也」）。云「堯舜一日萬幾，文王日昃不暇食，仲尼終夜不寢，顏子欲罷不能。自此以下，莫敢淫心捨力，故曰自強不息矣」者，舉史事以證君子不必在位，及自天子以至庶人皆應法天自強之義也（堯舜一日萬幾見尚書皋陶謨：「一日二日萬幾。」文王日昃不暇食見尚書無逸：「文王自朝至于日中昃不遑暇食。」仲尼終夜不寢見論語衛靈公：「吾嘗終日不食，終夜不寢，以思。無益，不如學也。」顏子欲罷不能見論語子罕：「約我以禮，欲罷不能」）。

文言曰：元者，善之長也；亨者，嘉之會也，利者，義之和也；貞者，事之幹也。君子體仁，足以長人；嘉會，足以合禮；利物，足以和義；貞固，足以幹事。君子行此四德者，故曰乾元亨利貞。

《注》：夫純陽，天之精氣；四行，君之懿德。是故《乾》冠卦首，辭表篇目。明道義之門，在於此矣；猶《春秋》之備五始也。故夫子留意焉。然則體仁正己，所以化物；觀運知時，所以順天。器用隨宜，所以利民；守正一業，所以定俗也。逾亂則敗禮，其教淫；逆則拂時，其功否；錯則妨用，其事廢；忘則失正，其官敗。四德者，文王所由興；四愆者，商紂所由亡。（集解引，四家皆輯之。）

案：云「純陽天之精氣」，蓋本《繫辭傳》及《說卦》（繫辭下：「乾，陽物也。」說卦：「乾爲天」）。《子夏易傳》說同（集解引子夏傳：「乾稟純陽之性」）。謂《乾》爲「道義之門」，亦據《繫辭傳》（繫辭上：「崇效天，卑法地，天地設，而易行乎其中矣。成性存存，道義之門」）。云「猶《春秋》之備五始」者，引他經比而言之，劉向、王褒、胡廣皆有《春秋》五始之說（劉向說苑：「共惟五始之要」；王褒聖主得賢臣頌：「共惟春秋法五始之要」；文選李善注引胡廣曰：「五始，一曰元，二曰春，三曰王，四曰正月，五曰公即位」；漢書顏師古注：「元者，氣之始：春者，四時之始：王者，受命之始：正月者，政教之始：公即位者，一國之始：是爲五始」）。云「夫子留意焉」，以《文言》爲孔子所作也（自司馬遷史記孔子世家以：「孔子晚而喜易：序象繫辭說卦文言」，乾鑿度乃有「孔子作十翼」之說，班固漢書藝文序志遂言「孔氏爲之象象繫辭文言序卦」。干寶亦從是說。其後隋志，釋文、正義並無異論，至歐陽

修易童子問始疑之）。「然則體仁正己」以下，大抵雜引經傳，託於人事，反覆闡發《文言》首節「四德」之義（李道平纂疏云：「論語：『爲仁由己』，故體仁正己，所以化物則長人也。運猶會也，禮器：『禮時爲大』，變通趨時，禮之亨也，故觀運知時。皋陶謨：『天勅五禮』，（萱案：皋陶謨原文作：「天秩有禮，自我五禮有庸哉。」）所以順天則合體也。繫下十二「蓋取」，是利也，故器用隨宜。中庸：「義者宜也」，所以利民則和義也。師象曰：『貞，正也。』業，事業也，坤曰『發于事業』是也」）。孔穎達《正義》，疏解經義，多用此法，而較干寶更純更精矣。云：「四德者，文王所由興；四愆者，商紂所由亡。」則引史以喻也。又案：《釋文》：「體仁，如字，京房、荀爽、董遇本作體信。利物，孟喜、京荀、陸績作利之。」干寶本作「體仁」「利物」，則不用京氏本（此義張惠言已發之）。

利貞者，性情也。

《注》：以施化利萬物之性，以純一正萬物之情。（集解引，四家皆輯之。）

案：「性情」，鄭玄本作「情性」（見晁氏易引。惠棟周易述從鄭。注云：「推情合性。」疏云：「此魏伯陽義也。爻不正以歸於正，故曰利貞。性，中也；情者，性之發也。發而中節，是推情合性謂之和也。易尚中和，故曰：利貞者，情性。聖人體中和，天地位，萬物育，既濟之效也」）。干寶則從眾作性情。其釋義，以利貞分配性情，曰利性，曰正情。是以性皆善，故利之；情有惡，故正之。蓋同於董仲舒性陽而仁，情陰而貪之說（論衡本性篇引董仲舒情性篇之說云：「天之大經，一陰一陽；人之大經，一情一性。性生於陽，情生於陰。陰氣鄙，陽氣仁。曰性善者，是見其陽也，謂惡者，是見其陰者也。」今傳春秋繁露佚。唯深察名號篇曰：「身之有性情也，若天之有陰陽也。」又曰：「天兩有陰陽之施，身亦兩有貪仁之性。」猶見其旨）。與王弼「性其情」之說以性爲動詞者意雖微異，然大義仍同（正義：「性者，天生之質，正而不邪；情者，性之欲也。言若不以性制情，使其情如性，則不能久行其正」）。宋儒若張載、程頤，皆從其說。（橫渠易說：「利性也，貞情也。」又呂大臨東見錄記程頤語曰：「利貞者，分在性與情。只性爲本；情是性之動處，情又幾時惡。故者以利爲本，只是順利處爲性；若情則須是正也。」東見錄，今佚。由易傳義附錄及易集義粹言轉引之）

君子以成德為行。

《注》：君子之行，動靜可觀，進退可度，動以成德，无所苟行也。（集解引，四家皆輯之。）

案：此純闡義理者也。

䷁ 坤下
坤上　**坤。元、亨、利牝馬之貞。**

《注》：陰氣之始，婦德之常，故稱元。與乾合德，故稱亨。行天者莫若龍；行地者莫若馬。故乾以龍絲，坤以馬象也。坤陰類，故稱利牝馬之貞矣。（集解引，四家皆輯之。）

案：先釋卦德（元亨也），再明卦象（牝馬也），而所言於《易》多有所本（如云「陰氣之始，婦德之常，故稱元。」本於上繫「坤道成女」，下繫「坤陰物也」，及坤文言「陰雖有美、妻道也。」張惠言易義別錄云：「元義兼始於善也。」又如「與乾合德」，本於下繫「陰陽合德」。至於「行天」「行地」云，亦本說卦「乾爲天」「坤爲地」，「坤以象馬」，則據坤象傳：「牝馬地類，行地无疆。」之說）與虞翻注之以卦變立說者迥異其趣（集解引虞翻曰：「謂陰極陽生，乾流坤形，坤含光大，凝乾之元，終于坤亥，出乾初子，品物咸亨，故元亨也。坤爲牝，震爲馬。初動得正，故利牝馬之貞矣」蓋以卦變消息爲說也）。而與王弼注觀點相似（王弼周易注云：「馬在下而行者也，而又牝馬，順之至也。至順而後乃亨，故利於牝馬之貞」）。

初六，履霜堅冰至。

《注》：重陰故稱六；剛柔相推故生變；占變故有爻。《繫》曰：「爻者，言乎變者也。」故《易》繫辭皆稱九六也。陽數奇，陰數偶；是以乾用一也，坤用二也。陰氣在初，五月之時，自姤來也。陰氣始動乎三泉之下。言陰氣動矣，則必至于履霜；履霜則必至于堅冰；言有漸也。藏器于身，貴其俟時；故陽在潛龍，戒以勿用。防禍之原，欲其先幾；故陰在三泉，而顯以履霜也。（集解引，四家皆輯之。）

案：干寶云「重陰」，猶言「老陰」也。老陽數九，老陰數六，老陰老陽皆變，《周易》以變者爲占，杜預、鄭玄之說皆然，故稱九稱六也。干寶引《繫辭傳》以證各爻下所繫之辭皆稱九六爲占變之故，說與鄭玄、杜預並同（參閱乾初九案語）。言「陽數奇，陰數偶；是以乾用一也，坤用二也」者，釋陽用「—」，陰用「--」之故。意本乎《下繫》「陽卦奇，陰卦偶」者也（—爲男性之象，

一一爲女性之象。易以個人生命之來源爲男女，類推其他事理之來源亦有陰陽二原理，故所言如此。張惠言云：「乾用一成于七而重于九皆奇；坤用二成于八而重于六皆耦」）。云「陰氣在初，五月之時，自姤來也」者，卦氣說也（詳已見乾初九條）。以下言「陰氣始動乎三泉之下。言陰氣動矣，則必至于履霜；履霜則必至于堅冰：言有漸也。藏器于身，貴其俟時；故陽在潛龍，戒以勿用。防禍之原，欲其先幾；故陰在三泉，而顯以履霜也」者，蓋本《下繫》「陰陽合德」之旨，依王弼陰陽相比之法，以乾例推坤（王弼注坤初六云：「陰之爲道，本於卑弱而後積著者也；故取履霜以明其始。陽之爲物，非基於始以至於著者也；故以出處明之，則以初爲潛。」以乾坤陰陽排比而言之。干寶之注乾初九，曰：「陽處三泉之下」，故此推坤初亦爲「陰氣始動乎三泉之下」。又由「陽在潛龍戒以勿用」，推「陰在三泉而顯以履霜」，皆以乾推坤也，是以坤卦辭「元亨利牝馬之貞」注，干寶即著「與乾合德」之義，蓋依王弼陰陽相比之法，而同本乎繫辭傳「陰陽合德」之旨也）。至其「防禍之原，欲其先幾；故陰在三泉，而顯以履霜」云云，於《文言》亦有所本（坤文言云：「臣弒其君，子弒其父，非一朝一夕之故，其所由來者漸矣。由辯之不早辯也。易曰：『履霜堅冰至』，蓋言順也。」爲干寶注所本）。張惠言斥干寶變漢人師法、宗王弼之謬（易義別錄：「以乾例推坤，始于令升，一變漢人師法。審如陰出爲禍，在三泉而戒之，出地上而反无不利，何邪？此王弼之謬，而令升不察也。取象无實亦隱宗輔嗣，誰謂令升得京氏學乎？」），門戶之見，不足採信。

六二，直、方、大，不習无不利。

《注》：陰氣在二，六月之時，自遯來也。陰出地上，佐陽成物，臣道也，妻道也。臣之事君，妻之事夫，義成者也。臣貴其直；義尚其方；地體其大：故曰直方大。士該九德，然後可以從王事；女躬四教，然後可以配君子。道成於我；而用之於彼。不方以仕學為政；不方以嫁學為婦；故曰不習无不利也。（集解引，四家皆輯之。）

案：「陰氣在二，六月之時，自遯來也」者，卦氣之說（詳已見乾初九條）。「陰出地上，佐陽成物」者，以乾例推坤也（乾九二干寶注云：「二爲地上。」又詳坤初六條）。「臣道也，妻道也」者，《文言》文（坤文言：「陰雖有美，含之以從王事，弗敢成也。地道也，妻道也，臣道也」）。云「臣之事君，妻之事夫，義成者也。臣貴其直；義（萱案：當作妻字。涉上文「義成」之義

而誤。臣貴其直，妻尚其方，地體其大，並列爲文，作義則失類）尚其方，地體其大：故曰直方大」者，承《文言》文而釋「直方大」之義也。云「士該九德，然後可以從王事；女躬四教，然後可以配君子」者，以經解經也。「九德」見於《尚書・皋陶謨》；「四教」見於《周禮・天官・九嬪》（尚書皋陶謨：「寬而栗，柔而立，愿而恭，亂而敬，擾而毅，直而溫，簡而廉，剛而塞，彊而義，彰厥有常，吉哉！」周禮天官九嬪：「掌婦學之法，以教九御。婦德、婦言、婦容、婦功」）。云「道成於我，而用之於彼。不方（張惠言云方當作妨，是也）以仕學爲政；不方以嫁學爲婦：故曰不習无不利也」者，暗用《禮記・大學》篇意以解《易》坤六二「不習无不利」之義也（大學：「君子不出家而成教於國」，又曰：「未有學養子而后嫁者也」）。

象曰：不習无不利，地道光也。

《注》：女德光于夫；士德光于國也。（集解引，四家皆輯之。）

案：本《坤・文言》「地道也，妻道也，臣道也」之語而闡明之。

六三，含章可貞，或從王事，无成有終。

《注》：陰氣在三，七月之時，自否來也。陽降在四，三公位也；陰升在三，三公事也。上失其權，位在諸侯。坤體既具，君弱臣強，戒在二國。唯文德之臣，然後可以遭之運而不失柔順之正。坤爲文。坤象既成，故曰含章可貞。此蓋平襄之王，垂拱以賴晉鄭之輔也。苟利社稷，專之則可，故曰：或從王事；遷都誅親，疑于專命，故亦或之。失後順之節，故曰无成。終於濟國安民，故云有終。（集解引，四家皆輯之。）

案：云「陰氣在二，七月之時，自否來」者，卦氣說也（詳已見乾初九條）。云「陽降在四，三公位也，陰升在三，三公事也」者，干寶所謂「陽降陰升」實即「消息」（干寶既以坤六三自否來，否卦☷坤下乾上，陰消乾至第三爻，故云：陽降在四，陰升在三）。與荀爽「陽升陰降」說不同（荀爽升降之說，以陽在初、二、三四爻者，當上升於五；而六五當降居陽所遺之位。復有因乾在下體，則謂下體當升居上，上體當降居下者。詳見屈翼鵬先生先秦漢魏易例述評）。而以四爲「三公位」，其說本《乾鑿度》及京房「爻位貴賤」說而微異（乾鑿度曰：「初爲元士，二爲大夫，三爲三公，四爲諸侯，五爲天子，上爲宗廟，凡此六者，陰陽所以進退，君臣所以升降，萬人所以爲象則

也。」京房易傳:「豫,世立元士。」豫為震宮一世卦,是初為元士;又:「剝,天子治世,反應大夫。」剝為乾宮五世卦,二五相應,是二為大夫,五為天子;又:「乾,九三三公。」「姤,九四諸侯。」「遯,上六宗廟。」悉同易緯乾鑿度。干寶云:「四」為「三公位」,「三」行「三公事」,似以「四」為「三公」,「三」為「諸侯」,與京房及乾鑿度微異。虞翻注解上六云「上應在三公。」注益六三云「公謂三。」亦同京房及乾鑿度之說),崔憬從之(崔憬注下繫「二與四同功而異位」云:「四主三孤三公。」注「三與五同功而異位」云:「三,諸侯之位。」與干寶同)。其下云「上失其權,位在諸侯。坤體既具,君弱臣強,戒在二國」者,由消息爻位推衍而得(張惠言易義別錄云:「陰升象諸侯入為三公,否乾猶在上不用事,故曰上失其權。臣與君並,是謂二國」)。言「唯文德之臣,然後可以遭之運而不失柔順之正。坤為文,坤象既成,故曰含章可貞」者,陰消乾至三,下體已成坤象,《說卦》云:「坤為文」,《坤·象傳》:「柔順利貞」,《坤·文言》云:「坤至柔而動也剛,至靜而德方,後得主而有常,含萬物而化光,坤道其順乎。」故干寶以其「不失柔順之正」,故「含章可貞」也。至於以下「此蓋平襄之王,垂拱以賴晉鄭之輔也。苟利社稷,專之則可,故曰:或從王事;遷都誅親,疑于專命,故亦或之。失後順之節,故曰无成;終于濟國安民,故云有終」云云,則據《左傳》、《公羊》以周家史實以釋《易》也(李道平纂疏云:「隱六年左傳曰:『我周之東遷,晉鄭焉依。』周語曰:『襄王十三年,凡我周之東遷,晉鄭是依。』晉語曰:『鄭先君武公與晉文侯戮力一心,股肱同室,夾輔平王。』杜預左傳注云:『幽王為犬戎所殺,平王東遷,晉文侯鄭武公左右王室,故曰晉鄭焉依。』蓋平王東遷,傳及襄王,垂拱南面,皆賴二國之輔,故引之以明柔順守正之意也。莊十九年公羊傳曰:『聘禮,大夫受命不受辭。出竟有可以安社稷利國家者,則專之可也。』故云苟利社稷,專之則可。言三居疆位,能以柔順而事弱君。故曰或從王事也。昭二十六年左傳曰:『至于幽王,天不弔周。王昏不若,用愆厥位。攜王奸命,諸侯替之。而建王嗣,用遷郟鄏。』攜王,注謂伯服。竹書紀年:『伯服殺死,虢公翰立王子余臣于攜,是為攜王,後為晉文侯所殺。此遷國誅親,疑于專命之事也。故亦或之者,言六本柔順能守臣節,而與乾四同辭者,乾四陽居陰,坤三陰居陽,皆不得正,故皆曰或。或之者,疑之也。但後順之節不可失,故戒之无成;而濟國安民,貴能終,故勉以有終』)。

象曰：或從王事，知光大也。

《注》：位彌高，德彌廣也。（集解引，四家皆輯之。）

案：三處下體之上，故云「位彌高」；再推衍之，遂謂「德彌廣」矣。

六四，括囊，无咎，无譽。

《注》：陰氣在四，八月之時，自觀來也。天地將閉，賢人必隱。懷智苟容，以觀時釁。此蓋甯戚璦與時卷舒之爻也。不艱其身則无咎；功業不建故无譽也。（集解引，四家皆輯之。）

案：言「陰氣在四，八月之時，自觀來也」者，卦氣說也（見乾初九條）。言「天地將閉，賢人必隱；懷智苟容，以觀時釁」者，以六三成否，天地不交；六四隱賢，懷智觀時。明「括囊」之義如此。蓋據《文言》「天地閉，賢人隱，《易》曰：『括囊无咎无譽』，蓋言謹也。」意與王弼近（王弼周易注云：「括結否閉，賢人乃隱。施愼則可，非泰之道」）。言「此蓋甯戚蘧璦與時卷舒之爻也。不艱其身則无咎；功業不建故无譽也」者，亦舉周家史事以說《易》「无咎无譽」之義（甯戚爲齊桓公時人。離騷：「甯戚之謳歌兮，齊桓聞以該輔。」事蹟又見呂氏春秋直覺。管子輕重，晏子問下，淮南子道應。蘧璦即蘧伯玉，春秋衛大夫。論語衛靈公：「君子哉，蘧伯玉。邦有道則仕，邦無道則可卷而懷之。」事蹟又見左傳襄十四襄二十六、莊子人間世則陽、淮南子原道說山泰族，新書胎教雜事，新序雜事一，說苑奉使善說）。

六五，黃裳元吉。

《注》：陰氣在五，九月之時，自剝來也。剝者，反常道也。黃，中之色；裳，下之飾；元，善之長也。中美能黃；上美為元；下美則裳。陰登於五，柔居尊位，若成昭之主，周霍之臣也。百官總己，專斷萬幾；雖情體信順，而貌近僭疑，周公其猶病諸。言必忠信，行必篤敬，然後可以取信於神明，无求於四海也。故曰黃裳元吉也。（集解引，四家皆輯之。）

案：云「陰氣在五，九月之時，自剝來也」者，卦氣說也（見乾初九條）。以六陰剝陽，居九五之位，故曰「剝者反常道也」。「黃、中之色；裳，下之飾；元，善之長也。中美能黃；上美爲元；下美則裳」者，皆《左傳》文（左傳昭十二：「南蒯之將叛也，枚筮之，遇坤☷之比☵，曰：『黃裳元吉。』以爲大吉也。示子服惠伯，曰：『即欲有事，何如？』惠伯曰：『吾嘗學此矣。忠信之

事則可；不然，必敗。外彊內溫，忠也；和以率貞，信也。故曰黃裳元吉。黃，中之色也；裳，下之飾也；元，善之長也。中不忠，不得其色；下不共，不得其飾；事不善，不得其極。外內倡和爲忠，率事以信爲共；供養三德爲善；非此三者，弗當。且夫易不可以占險；將何事也？且可飾乎？中美能黃；上美能元；下美則裳。參成可筮；猶有闕也。筮雖吉，未也」）。引《左傳》以說「黃裳元吉」，王弼已先干寶發之（周易注：「黃，中之色也；裳，下之飾也。坤爲臣道，美盡於下。夫體无剛健而能極物之情，通理者也。以柔順之德，處於盛位，任夫文理者也。垂黃裳以獲元吉，非用武者也。極陰之盛，不至疑陽，以文在中美之至也」）。言「陰登於五，柔居尊位，若成昭之主，周霍之臣也。百官總己，專斷萬幾；雖情體信順，而貌近僭疑，周公其猶病諸」者，引史證《易》也（張惠言易義別錄云：「亦反常道也」）。鄭玄已先干寶發之（隋書李德林傳：「案易『黃裳元吉』，鄭玄注云：『如舜試天子，周公攝政』」）。

王應麟《困學紀聞》韙之（卷一引干寶之說而加案語云：「愚謂此說爲長」）「言必忠信，行必篤敬」，本《論語》文（論語衛靈公：「言忠信，行篤敬，雖蠻陌之邦行矣」）。

象曰：黃裳元吉，文在中也。

《注》：當總己之任，處疑僭之間，而能終元吉之福者，由文德在中也。（集解引，四家皆輯之。）

案：承前注，謂陰居尊位能終元吉之故。與弼注略近（周易注：「用黃裳而獲元吉，以文在中也」）。

上六，龍戰於野，其血玄黃。

《注》：陰在上六，十月之時也。爻終于酉，而卦成于乾。乾體純剛，不堪陰盛，故曰龍戰。戌亥，乾之都也，故稱龍焉。陰德過度，以逼乾戰。郭外曰郊，郊外曰野。坤位未申之維，而氣溢酉戌之間，故曰于野。未離陰類，故曰血，陰陽色雜，故曰玄黃。言陰陽離則異氣，合則同功。君臣夫妻，其義一也。故文王之忠于殷，抑參二之強以事獨夫之紂，蓋欲彌縫其闕而匡救其惡，以祈殷命，以濟生民也。紂遂長惡不悛，天命殛之，是以至于武王遂有牧野之事，是其義也。（集解引，四家皆輯之。）

案：言「陰在上六，十月之時」者，卦氣說也（是乾初九條）。言「爻終於酉」者，
納支說也（坤上六納癸酉，詳見乾初九條）。言「而卦成於乾」者，消息說也（謂
陰消乾成坤也）。言「乾體純剛，不堪陰盛，故曰龍戰。戌亥，乾之都也，故稱
龍焉；陰德過度，以逼乾戰」者，以《乾鑿度》鄭玄注及《周易》王弼注釋龍
戰之義也（易緯乾鑿度曰：「乾制之於西北方，位在十月。」又曰：「乾漸九月。」
鄭玄注：「乾御戌亥，在於十月，而漸九月也。」干寶云「戌亥乾之都也故稱龍
焉」，殆本於鄭玄。又王弼周易注云：「陰之爲道，卑順不盈，乃全其美。盛而
不已，固陽之地，陽所不堪，故戰于野。」干寶云「乾體純剛不堪陰盛」「陰德
過度以逼乾戰」，殆本於王弼。考惠棟周易述：「消息坤在亥；亥，乾之位。爲
其兼于陽也，故稱龍戰。」釋坤在亥，乃用消息；釋乾位亥，別據乾鑿度八卦
十二位之說（另詳於下），不知據消息乾固非亥，據十二位坤當在未，二說矛盾，
豈可並取！張惠言李道平皆據惠棟義以釋干寶注，張氏易義別錄曰：「上六在
亥，故逼乾而乾與之戰。」李氏纂疏云：「上六在亥，爲乾之都，故稱龍焉。陰
德過度以逼乾而爲龍戰。」並非干旨）。言「坤位未申之維，而氣溢酉戌之間，
故曰于野」者，本《乾鑿度》八卦十二位之說（易緯乾鑿度：「八卦成列，天地
之道立，雷風水火山澤之象定矣。其布散用事也：震生物於東方，位在二月；
巽散之於東南，位在四月；離長之於南方，位在五月；坤養之於西南方，位在
六月；兌收之於西方，位在八月；乾制之於西北方，位在十月；坎藏之於北方，
位在十一月；艮終始之於東北方，位在十二月。八卦之氣終；則四正四維之分
明，生長收藏之道備，陰陽之體定，神明之德通，而萬物各以其類成矣；皆易
之所包也。至矣哉，易之德也！孔子曰：『歲三百六十日而天氣周，八卦用事，
各四十五日，方備歲焉。』故艮漸正月；巽漸三月；坤漸七月；乾漸九月；而
各以卦之所言爲月也。」又云：「乾位在亥，坤位在未」）。茲圖之如下：

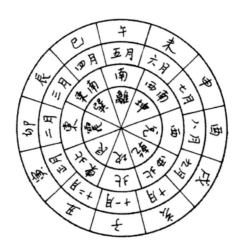

乾鑿度八卦十二位圖

覽圖，則知「坤位未申之維」，而「乾御戌亥」，中隔唯「酉」耳。是以干寶言坤「氣溢酉戌之間故曰于野」矣。干注下復云「未離陰類，故曰血；陰陽色雜，故曰玄黃」者，本《坤・文言》及荀爽、《九家》之說（坤文言：「猶未離其類也，故稱血焉。夫玄黃者，天地之雜也；天玄而地黃。」荀爽曰：「實本坤類，故曰未離其類也。血以喻陰順陽也。」坤上九九家注：「實本坤體，未離其類，故稱血焉，即以喻陰也。玄黃天地之雜，言天地合居也」）。干注又云「言陰陽離則異氣，合則同功，君臣夫妻，其義一也」，張惠言謂「其義至精」（易義別錄：「陰陽離則異氣，合則同功。其義至精，真京氏微言也」）。蓋陰陽爲宇宙之二原理，「陰陽合德」則能「體天地之撰」（繫辭下），「則是天地交而萬物通」（泰象傳），「天地感而萬物化生」（咸象傳），故干云「合則同功」也。否則「天地不交而萬物不通」（否象傳），「天地不交而萬物不興」（歸妹象），故干云「離則異氣」也。至於末又注云「故文王之忠於殷，抑參二之強，以事獨夫之紂；蓋欲彌縫其闕而匡救其惡，以祈殷命，以濟生民也。紂遂長惡不悛，天命殛之；是以至於武王，遂有牧野之事。是其義也」者，舉文王三分天下有其二而服事殷，及武王伐紂，龍戰於牧野事。以爲例證也。

象曰：龍戰于野，其道窮也。

《注》：天道窮至于陰陽相薄也；君德窮至于攻戰受誅也；柔順窮至于用權變矣。（集解引，四家皆輯之。）

案：此由「天道」推之「君德」也。又《後漢書・朱穆傳》：「穆推災異，奏記勸戒梁冀云：穆伏念明年丁亥之歲，刑德合於乾位。《易經》龍戰之會，其文曰：

龍戰于野，其道窮也。謂陽道將勝而陰道負。」穆推災異，而言陽勝陰負，與干不同。《左傳》昭二十九：「坤之剝䷖曰：龍戰于野。」坤上六消剝上九，則干是而朱非。

用六，利永貞。

《注》：陰體其順，臣守其柔，所以秉義之和，履貞之幹，雖有權變，終歸于正。是周公始于負扆南面，以先王道；卒于復子明辟，以終臣節。故曰利永貞也矣。（集解引，四家皆輯之，「雖有權變」原作「唯有推變」，唯雖推權形似而誤，依張惠言易義別錄正。）

案：用六利永貞爲坤六爻之總辭（正義說）。干寶舉周公「終臣節」事以釋之。張惠言云：「以陰升逼陽，象負扆權變；以陰陽合則同功，象復子明辟，終歸於正。用六純坤，非變坤矣。」

文言曰：含萬物而化光，坤道其順乎，承天而時行。

《注》：光，大也。謂坤含藏萬物，順承天施，然後化光也。

案：《正義》云「含養萬物而德化光大」，意與干寶同。

䷂ 震下
坎上 屯

彖曰：宜健侯而不寧。

《注》：水運將終，木德將始，殷周際也。百姓盈盈，匪君子不寧；天下既遭屯險之難，後王宜蕩之以雷雨之政；故封諸侯以寧之也。（集解引，四家皆輯之。）

案：言「水運將終，木德將始」者，以屯爲坎宮二世卦，坎水變爲震木，此京房八宮卦世應之說也。（困學紀聞卷一：「京氏易積算法引夫子曰：『八卦因伏羲，暨於神農，重乎八純。聖理玄微。易道難究。迄乎西伯父子，研理窮通，上下囊括，推爻考象，配卦世應，加乎星宿，局於六十四所，二十四氣。分天地之數，定人倫之理，驗日月之行，尋五行之端，災祥進退，莫不因茲而兆矣。故考天地日月星辰山川草木蟲魚鳥獸之情狀運氣，生死休咎，不可執一隅。故曰易含萬象。』又引孔子云：『易有四世：一世二世爲爲地易，三世四世爲人易，五世八純〔八純原作六世，胡一桂周易啓蒙外篇起月例「五世與八純爲天易」。惠棟易漢學卷四：「八純俗本作六世，訛。」困學紀聞翁

元圻注：「案項氏家說一作五世及八純卦爲天易。」茲據正。〕爲天易，游
魂歸魂爲鬼易。』此占候之學，決非孔子之言也。」）惠棟易漢學據京房易
積算法以製八宮卦氣圖，茲更附六爻並加說明如下：

八宮卦 世游歸	乾	震	坎	艮	坤	巽	離	兌	說　明
一　世	姤	豫	節	賁	復	小畜	旅	困	初爻變
二　世	遯	解	屯	大畜	臨	家人	鼎	萃	二爻亦變
三　世	否	恆	既濟	損	泰	益	未濟	咸	三爻亦變
四　世	觀	升	革	睽	大壯	无妄	蒙	蹇	四爻亦變
五　世	剝	井	豐	履	夬	噬嗑	渙	謙	五爻亦變
游　魂	晉	大過	明夷	中孚	需	頤	訟	小過	四爻復原
歸　魂	大有	隨	師	漸	比	蠱	同人	歸妹	下體亦復原

　　覽右圖，知屯為坎之二世卦，下體由坎變震。坎於五行屬水，震於五行屬木（已見乾初九條所附八卦六位圖）。是以干寶云「水運將終木德將興」也。言「殷周際也」者，據王肅偽《孔子家語·五帝篇》「殷人以水德王，周人以木德王」之言而云然。其下「百姓盈盈，匪君子不寧；天下既遭屯險之難，後王宜蕩之以雷雨之政」，則釋「封諸侯以寧之」之「故」。「君子」即「諸侯」（李道平纂疏謂「六三伏陽之君子」，考干寶易無飛伏說，纂疏誤矣），蓋屯下體震為諸侯也（震為諸

侯，殆爲古義。荀悦漢紀二十八哀帝紀論：「易曰震驚百里，以象諸侯之國也。」鄭玄周易震注：「雷發聲聞千百里，古者諸侯之象。」虞翻周易屯注：「震爲侯。」古文苑酈炎對事：「問者因又謂炎曰：古者聖人封建諸侯，皆云百里，取象于雷，雷何取也？炎曰：易震爲雷，亦爲諸侯，雷震驚百里。」周易震正義：「先儒皆云雷之發聲，聞乎百里，故古帝王制國，公侯地方百里，故以象焉。」是）。而「屯險之難」「雷雨之政」云云，皆本《象傳》（象傳：「屯，剛柔始交而難生，動乎險中，大亨貞，雷雨之動滿盈」）。

䷃ 坎下
艮上 蒙 亨

《注》：蒙者，離宮陰也。世在四，八月之時，降陽布德，薺麥並生；而息來在寅。故蒙于世爲八月，于消息爲正月卦也。正月之時，陽氣上達，故屯爲物之始生，蒙爲物之稺也。施之于人，則童蒙也。苟得其運，雖蒙必亨，故曰蒙亨。此蓋以寄成王之遭周公也。（集解引。四家皆輯之。）

案：「蒙者離宮陰也」，八卦世應說也（詳見屯象傳條。張惠言易義別錄：「離四世爲蒙；四，陰爻；故離宮陰也」）。「世在四，八月之時。」者，《京房易傳》世卦起月例也。胡一桂《周易啓蒙・易傳外篇》載《京氏易傳》「起月例」云：

> 一世卦陰主五月，一陰在午也；陽主十一月，一陽在子也。
> 二世卦陰主六月，二陰在未也；陽主十二月，二陽在丑也。
> 三世卦陰主七月，三陰在申也；陽主正月，三陽在寅也。
> 四世卦陰主八月，四陰在酉也；陽主二月，四陽在卯也。
> 五世卦陰主九月，五陰在戌也；陽主三月，五陽在辰也。
> 八純上世陰主十月，六陰在亥也；陽主四月，六陽在巳也。
> 游魂四世所主與四世卦同；歸魂三世所主與三世同。

蒙爲四世卦陰，故主八月也。「降陽布德，薺麥並生」者，說與《禮記》、董仲舒、宋均、蔡邕並合（李道平纂疏云：「禮月令：仲秋之月，乃勸種麥。蔡邕章句：陽氣始胎于酉，故八月薺麥應時而生。廣雅：太初之氣生於酉仲。宋均云：必知生八月仲者，據此時薺麥生以爲驗也。又漢書董仲舒雨雹對曰：薺麥始生，緣陽升也。故云『降陽布德薺麥並生』也」）。「而息來在寅」者，息爲消息，此指卦氣，謂六十卦值月之法蒙在正月建寅之月，蓋孟喜京房之學也（易緯稽覽圖卷一：「小

過、蒙、益、漸、泰、寅；需、隨、晉、解、大壯、卯；豫、訟、蠱、革、夬，辰；旅、師、比、小畜、乾、巳；大有、家人、井、咸、姤，午；鼎、豐、渙、履、遯、未；恆、節、同人、損、否，申；巽、萃、大畜、賁、觀，酉；歸妹、无妄、明夷、困、剝，戌；艮、既濟、噬嗑、大過、坤，亥；未濟、蹇、頤、中孚、復，子；屯、謙、睽、升、臨，丑。坎六，震八，離七；兌九。已上四卦者，四正卦爲四象。每歲十二月；每月五卦；卦六日七分；每期三百六十五日四分日之一。」魏書律曆志正光術中推四正卦及求次卦法，與稽覽圖卷下所言合。據新唐書曆志一行卦議云：「十二月卦出於孟氏章句。其說易本於氣，而後以人事明之。京氏又以卦爻配朞之日，坎離震兌其用事自分至之首，皆得八十分日之七十三，頤、晉、井、大畜皆五日十四分，餘皆六日七分。」則爲孟京說也）。八卦世應說與六十卦值月法相異。奈何干寶並取之，以致注文「八月之時降陽布德」與「正月之時陽氣上達」矛盾也！以下言「故屯爲物之始生，蒙爲物之穉也」，蓋本於《序卦》（序卦：「屯者，物之始生也。」「蒙者，物之穉也」）；然無論八卦世應或六十卦值月，屯皆非正月（世應屯爲坎宮陽二世卦，主十二月；六十卦值月屯亦在十二月）。干寶以屯蒙皆爲正月，誤矣！注末云：「施之于人，則童蒙也。苟得其運，雖蒙必亨，故曰蒙亨。此蓋以寄成王之遭周公也」者，以人事及史實以明之也。

彖曰：蒙以養正，聖功也。

《注》：武王之崩年九十三矣，而成王八歲。言天後成王之年，得以養公正之道，而成三聖之功。（集解引，四家皆輯之。）

案：武王崩年九十三，據《禮記・文王世子》（文王世子：「武王九十三而終」），然未必信（設武王果九十三而崩，成王當已成人也。梁玉繩人表考謂武王年五十四，近是）。其時成王年齡，《史記》唯言「少」（史記周本紀：「武王有瘳，後而崩，太子誦代立，是爲成王，成王少」），《禮記》唯言「幼」（文王世子：「武王九十三而終，成王幼」），鄭玄云十歲（禮記文王世子正義引鄭注金縢云：「文王崩後，明年生成王；則武王崩時，成王年十歲」），王肅云十三歲（詩豳譜引王肅注金縢云：「武王崩時，成王已十三」）；干寶云八歲，未知所據。謂「言天後成王之年，得以養公正之道，而成三聖之功」者，直以《象傳》記周家事。恐非。

初六，發蒙，利用刑人，用說桎梏，以往吝。

象曰：利用刑人，以正法也。

《注》：初六戊寅，平明之時，天光始照，故曰發蒙。此成王始覺周公
至誠之象也。坎為法律，寅為貞廉，以貞用刑，故利用刑人矣。此成
王將正四國之象也。說，解也；正四國之罪，宜釋周公之黨，故曰用
說桎梏。既感《金縢》之文，追恨昭德之晚，故曰以往吝。初二失位，
吝之由也。（集解引。四家皆輯之。）

案：「初六戊寅」為納支（蒙下卦體坎，坎初納戊寅。詳乾初九條）。「平明之時，
　　天光始照，故曰發蒙」，納支應時之例（張惠言名曰納甲應時，見易義別錄。
　　其實納支也，寅時約清晨五六點）。言「此成王始覺周公至誠之象也」者，以
　　其事與「發蒙」相當也。「坎為法律」為虞翻說（集解引虞翻注：「坎為法。」
　　爾雅釋言：「坎律銓也。」春秋宣十二年正義引漢樊光爾雅注：「坎卦，水也；
　　水性平，律亦平，銓亦平也」）。「寅為貞廉」，納支應情之例（張惠言名納甲
　　應情），翼奉首言之（漢書翼奉傳載奉上封事曰：「北方之情，好也；好行貪
　　狠，申子主之。東方之情，怒也；怒行陰賊，亥卯主之。南方之情，惡也；
　　惡行廉貞，寅午主之，西方之情，喜也，喜行寬大，巳酉主之。上方之情，
　　樂也，樂行姦邪，辰未主之。下方之情，哀也，哀行公正，戌丑主之。」孟
　　康注云：「水性觸地而行，觸物而潤，多所好，故多好；則貪而無厭，故為貪
　　狠也。木性受水氣而生。貫地而出，故為怒；以陰氣賊害土，故為陰賊也。
　　火性炎猛，無所容受，故為惡；其氣粗專嚴整，故為廉貞。金之為物，喜以
　　利刃加于萬物，故為喜；利刃所加，無不寬大，故為寬大也。上方謂北與東
　　也，陽氣所萌生，故為上；辰窮水也，未窮木也。下方謂南與西也，陰氣所
　　萌，故為下；戌窮火也，丑窮金也。」白虎通情性篇以：好在北方，怒在東
　　方，惡在南方，喜在西方。亦本諸翼奉）蓋齊學也（翼奉師事后蒼，傳齊詩，
　　詳見漢書儒林傳及翼奉傳。陳喬樅齊詩遺說考自序：「易有孟京卦氣之候，詩
　　有翼奉五際之要，尚書有夏侯洪範之說，春秋有公羊災異之條，皆明於象數，
　　善推禍福，以著天人之應。淵源所自，同一師承，確然無疑」）。言「此成王
　　將正四國之象也」者，以為與「以貞用刑故利用刑人矣」義相當；言「說，
　　解也，正四國之罪，宜釋周公之黨」者，以為與「用說桎梏」義相當；言「既
　　感《金縢》之文，追恨昭德之晚」者，以為與「以往吝」義相當；皆引史證
　　《易》也。言「初二失位，吝之由也」者，可見干寶以初有得位失位之例（每
　　卦六爻，初三五為陽位，二四上為陰位，陽爻處陽位，陰爻居陰位曰得位，
　　否則曰失位），而與王弼「初上無位」說又微異焉（王弼以「象無初上得位失

位之文；又繫辭但論三五二四同功異位，亦不及初上。」故有「初上無位」
之說，詳已見王肅易注賁六五條）。

　　　　乾下
　　　　坎上　需

象曰：雲上於天，需。

《注》：上、升也。（釋文引，四家皆輯之。）

案：《集解》引宋衷曰：「雲上於天，須時而降。」蓋以「上」為方位之詞；故王
　　肅本遂作「雲在天上。」干寶云：「上，升也。」是以「上」為動詞，而不以
　　為方位之詞矣、說與王肅、宋衷並異。參閱干寶序卦注。

君子以飲食宴樂。

《注》：宴，烏殄反，安也。（宋本釋文：「宴，烏練反。徐烏殄反，安也、干
　　同。鄭云享宴也。李軌烏衍反。」今本「干」漶壞作「下」。考需卦下文更無「宴」
　　字，作「下」義不可通。又晁氏易引釋文作「干」不誤，茲據正。阮氏校勘記雖
　　見宋本釋文作「干」，而猶以作「下」者是，何其陋也。馬國翰、黃奭輯「宴安也」
　　而遺其反切。張惠言不輯，唯注云：「丁教授杰云宋本釋文更云宴安也。」孫堂未
　　輯。茲合其反切釋義而輯之。）

案：異鄭玄而同徐邈。

初九，需于郊，利用恆，无咎。

《注》：郊、乾坎之際也；既已受命，進道北郊，未可以進，故曰需于
　　郊。處不避汙，出不辭難，臣之常節也；得位有應，故曰利用恆。雖
　　小稽留，終于必達，故曰无咎。（集解引，四家皆輯之。）

案：需卦乾下坎上，初九與六四相應（應之義已詳王肅易注賁六五條）。六四者，
　　乾坎之際也。故干寶曰：「郊，乾坎之際也。」乾位西北，坎位北方，《說卦》
　　及《易緯‧乾鑿度》之說皆然（見坤上六條附圖）。需初九在需下卦體乾，需
　　六四在上卦當坎之下爻，為乾之北郊（坤上六干注云：「郭外曰郊，郊外曰野。」
　　乾坎相鄰曰郊，猶乾坤隔兌而曰野。參見坤上六龍戰于野條），需初九應六四，
　　乃由西北進道北郊，故干云「既已受命進道北郊」也。《坎‧象傳》：「習坎重
　　險也。」《雜卦》：「需，不進也。」《需‧象傳》：「需于郊，不犯難行也。」
　　干云「未可以進，故曰需于郊。」義與傳合。《說卦》：「坎為溝瀆，為隱伏。」

而初九猶往應之，故干云：「處不避汙，出不辭難，臣之常節也；得位有應。」而以爲「雖小稽留，終于必達。」焉。此干寶所以釋「利用恆」與「无咎」，義與《象傳》「利用恆，无咎，未失常也」亦合。

訟 坎下乾上

《注》：離之遊魂也，離爲戈兵，此天氣將刑殺，聖人將用師之卦也。訟，不親也；兆民未識天命，不同之意。（集解引，四家皆輯之。）

案：謂「訟，離之遊魂也」者，八宮卦世應游歸說（已詳屯卦條）。「離爲戈兵」者，《說卦》文。「此天氣將刑殺」者，游魂陰卦值八月，與四世卦同，主刑殺也（已詳蒙卦條。張惠言易義別錄云：「四世卦陰主八月，故天氣將刑殺」）。「聖人將用師之卦也」者，以人事喻之也（張惠言云：「謂武王觀兵」）。「訟，不親也；兆民未識天命，不同之意」者，《訟》卦辭云「終凶」，故干言如此。

象曰：君子以作事謀始。

《注》：省民之情以制作也，武王故先觀兵孟津，蓋以卜天下之心，故曰：作事謀始也。（集解引，四家皆輯之。）

案：以殷周事釋卦象也。

師 坎下坤上

彖曰：剛中而應，行險而順，以此毒天下而民從之。

《注》：坎爲險，坤爲順。兵革刑獄，所以險民也；毒民于險中，而得順道者，聖王之所難也。毒，荼苦也，五刑之用，斬刺肌體；六軍之鋒，殘破城邑，皆所以荼毒奸凶之人，使服王法者也。故曰：以此毒天下而民從之。毒以治民，明不獲已用而用之，故于彖象六爻皆著戒懼之辭也。（集解引，四家皆輯之。）

案：「坎爲險，坤爲順」，爲《象傳》義（周易「險字凡二十三」，除上繫「辭有險易」、下繫「德行恆易以知險」外，皆指坎而言。其中坎爻辭凡二見：九二曰「坎有險」，六三曰「險且枕」。坎象傳凡六見：曰「習坎重險也」、「行險」、「天險」、「地險」、「設險」、「險之時用」。其他亦並見於體坎各卦之象傳。屯卦震下坎上，象曰「動乎險中」；蒙卦坎下艮上，象曰「山中有險」「險而止」；

需卦乾下坎上，象曰「險在前也」；訟卦坎下乾上，象曰「上剛下險」「險而健訟」；師卦坎下坤上，象曰「行險而順」；蹇卦艮下坎上，象曰「險在前也」「見險而能止」；解卦坎下震上，象曰「險以動」「動而免乎險」；困卦坎下兌上，象曰「險以說」；節卦兌下坎上，象曰「說以行險。」唯比、井、渙、既濟、未濟五卦雖體坎而不言險。又周易言坤之德。每曰順；然言順者不限於坤。坤象傳曰「乃順承天」「柔順利貞」「後順得常」；坤文言曰：「坤道其順乎」「蓋言順也」；上繫：「夫坤天下之至順也」；說卦：「坤順也」；師卦坎下坤上，象曰「行險而順」；比卦坤下坎上，象曰「下順從也」；泰卦乾下坤上，象曰「內健而外順」；豫卦坤下震上，象曰「天地以順動」「聖人以順動」「順以動豫」「豫順以動」；臨卦兌下坤上，象曰「說而順」；觀卦坤下巽上，象曰「順而巽」；剝卦坤下艮上，象曰「順而止之」；復卦震下坤上，象曰「動而以順行」；晉卦坤下離上，象曰「順而麗乎大明」；明夷卦離下坤上，象曰「內文明而外柔順」；萃卦坤下兌上，象曰「順以說」「順天命也」；升卦巽下坤上，象曰「巽而順」，象曰「君子以順德」；唯謙、否二卦雖體坤而不言順）。以《彖》解《象》，其法最善。又以師為「兵革刑獄」，與爻辭《彖》《象》唯言師眾不及刑獄者微異。以「毒」為「荼苦」，則與馬融訓「治」（《釋文》引），王弼訓「役」（周易注）者意近。

上六，大君有命，開國承家，小人勿用。

《注》：大君，聖人也，有命，天命也。五常為王位，至師之家而變其例者，上為郊也。故易位以見武王親征與師人同處于野也。《離》上九曰：「王用出征，有嘉折首。」上六為宗廟，武王以文王行，故正開國之辭于宗廟之爻，明己之受命文王之德也。故《書‧泰誓》曰：「予克受，非予武，惟朕文考無罪。受克予，非朕文考有罪，惟予小子無良。」開國，卦諸侯也；承家，立都邑也；小人勿用，非所能也。（集解引，四家皆輯之。）

案：以「大君」為「聖人」，從《乾鑿度》「君人五號」之說（君子五號之說，已見王肅章乾九二條，蓋孟京易說也。此唯詳「大君」一號焉。乾鑿度：「大君者，與上行異也。」鄭玄注：「臨之九五，有中和美異之行，應於五位，故百姓欲其與上為大君也。」乾鑿度又云：「大君者，君人之盛者也。易曰：『知臨，大君之宜，吉。』臨者，大也，陽氣在內，中和之盛，應于盛位；浸大之化，行于萬民，故言宜處王位，施大化為大君矣。臣民欲被化之詞也。」

緯言大君爲「君人之盛者」；注云大君「有中和美異之行。」此干寶所以以大君爲聖人乎！）。以「命」爲「天命」，則同鄭玄（文選曹子建贈白馬王彪詩李善注引鄭玄周易注曰：「命，所受天命也」）。「五常於王位」「上六爲宗廟」，本《乾鑿度》（乾鑿度：「初爲元士，二爲大夫，三爲三公，四爲諸侯，五爲天子，六爲宗廟」）。「至師之家而變其例也，上爲郊也」，則爻位遠近之例（明夷干寶注：「一爲室，二爲戶，三爲庭，四爲門。」張惠言易義別錄云：「上爲郊，疑爲爻位之定例……則或者五爲國，上爲郊也」）。以下自「故易位以見武王親征與師人同處于野」至「惟予小子無良」，以武王受命文王事以釋「大君有命」，並引《離》上六，僞古文《尚書・泰誓》以證之。「開國，封諸侯也；承家，立都邑也」，用荀宋說（集解引荀爽曰：「開國，封諸侯；承家，立大夫。」宋衷曰：「開國謂析土地以封諸侯，如武王封周公七百里地也；承家，立大夫爲差次，立大夫因采地名，正其功勳，行其賞祿」）。「小人勿用，非所能也」，謂小人勿用此爻之義，蓋小人不能用故也（詳下注）。

象曰：大君有命，以正功也。

《注》：湯武之事（集解引）。王執而正之，非私惠也（義海引。張孫黃三家僅輯「湯武之事」句，馬國翰則據集解與義海撮要而並輯之）。

案：引史證《易》也。

小人勿用，必亂邦也。

《注》：楚靈、齊閔，窮兵之禍也。（集解引，四家皆輯之。）

案：《高士傳》引摯峻〈報司馬子長書〉：「不肖者自屛，亦其時也。《周易》：『大君有命，小人勿用。』《後漢書・謝弼傳》載弼上封事云：「臣又聞爵賞之設，必酬庸勳；開國承家，小人勿用。」《三國志・魏志・趙王幹傳》：「明帝賜幹璽書曰：「易稱『開國承家，小人勿用。』……自太祖受命創業……輔以天下之端士。」《吳志・陸抗傳》：「臣聞『開國承家，小人勿用。』……小人不明道理，所見既淺，雖使竭情盡節，猶不足任，況其姦心素篤而憎愛移易哉！」皆以「小人勿用」爲「大君勿用小人」之義。是以王弼注云：「小人勿用，非其道也。」孔穎達疏云：「小人勿用者，言開國承家，須用君子，勿用小人也。」唯干寶以「小人勿用」爲「非所能也」，意小人不能用此爻之義；又舉「楚靈，齊閔」以當「小人」之例。大異古義。

䷇ 坤下
坎上 比。吉。原筮元永貞无咎，不寧方來，後夫凶。

《注》：比者，坤之歸魂也，亦世于七月，而息來在巳。去陰居陽，承乾之命，義與師同也。原、卜也。《周禮》：三卜，一曰原兆。坤德變化，反歸其所，四方既同，萬國既親，故曰比吉。考之蓍龜，以謀王業，大相東土，卜惟洛食，遂乃定鼎郟鄏，卜世三十，卜年七百，德善長於兆民，歆祿永於被業，故曰原筮元永貞。逆取順守，居安如危，故曰无咎。天下歸德，不唯一方，故曰不寧方來。後服之夫，違天失人，必災其身。故曰後夫凶也。（集解引，四家皆輯之）。

案：「比者，坤之歸魂也，亦世于七月」者，八宮卦世應游歸說，坤宮卦歸魂主七月也（詳已見屯象及蒙卦條）。「而息來在巳」者，謂六十卦值月法比值四月也（詳已見蒙卦）。「去陰居陽，承乾之命，義與師同也」者，以比卦䷇坤下坎上，與師卦䷆坎下坤上者相覆，皆五陰一陽之卦。師九二去陰位二爻，居陽位五爻，則成比也。然師之五陰皆承九二陽爻之命；比之五陰皆承九五陽爻之命：其事則一，故云「承乾之命義與師同」。乾即陽爻也。蜀才注《比‧象》，義與干寶同（集解引蜀才曰：「此本師卦、案六五降二，九二升五，剛往得中，為比之主」）。張惠言以卦氣世應釋干注（易義別錄曰：「申為陰：巳為陽。乾用事四月。師者坎之歸魂，亦四月卦，與比正同」），李道平從張說作《纂疏》（不贅引），恐非是（蓋申為陰，師四月為世卦起月例，巳為陽，乾四月為卦氣，兩說矛盾故）。「坤德變化，反歸其所，四方既同，萬國既親，故曰比吉」者，承上文「比者坤之歸魂」說以釋「比吉」之義（此句注文在「原卜也周禮三卜一曰原兆」句下，疑為後人誤倒，茲依文義乙正之）。「原、卜也，《周禮》：三卜，一曰原兆」者，引《周禮》明原訓卜（周禮春官大卜：「大卜，掌三兆之灋：一曰玉兆，二曰瓦兆，三曰原兆。」鄭玄注引杜子春云：「玉兆，帝顓頊之兆；瓦兆，帝堯之兆；原兆，有周之兆。」干寶以周代史事說易，故引周禮有周之原兆以訓之）與後人訓「原窮」「原再」者異（原字，干寶前無注者。孔穎達訓「原窮」，程頤訓「推原」，明來知德周易集註訓「再」，惠棟周易述亦訓「再」）。言「考之蓍龜，以謀王業，大相東土，卜惟洛食，遂乃定鼎郟鄏，卜世三十，卜年七百，德善長於兆民，歆祿永於被業，故曰原筮元永貞」者，干寶既以周史當此卦之義，故引《尚書‧洛誥》，《左傳》宣三之文以證成之也（李道平纂疏云：「書洪範曰：『謀及卜筮，龜

從筮從。』故云『考之著龜，以謀王業。』洛誥曰：『大相東土，我乃卜澗水東注，瀍水西，惟洛食；我又卜瀍水東，亦惟洛食。』故云『大相東土，亦惟洛食』。『定鼎郟鄏，卜世三十，卜年七百。』宣三年左傳文。引三書者，釋『原筮』也。『德善長于兆民』者，釋『元』也。『戩祿永于被業』，釋『永貞』也。故曰『原筮元永貞』」）。其下釋「无咎」「不寧方來」「後夫凶」，大抵仍依周代史事立言（李道平纂疏云：「『逆取順守』者，周以征誅取天下，而以忠厚守之也。『居安如危』者，安不忘危；所以長守貴也，故曰『无咎』。武成曰：『大賚于四海，而萬姓悅服。』是『天下歸德，不唯一方』也；故曰『不寧方來』。史記衛世家：『武王既已克殷，以殷餘民封紂子武庚祿父，乃令其弟管叔蔡叔傅相武庚，以和其尼。管叔蔡叔乃與武庚作亂，周公以成王命興師伐殷，殺武庚管叔、放蔡叔。』是『後服之夫，違天失人，必災其身』也；故曰：『後夫凶』」）。然其取義，與《彖傳》異（彖傳：「比吉也，比輔也，下順從也；原筮元永貞无咎，以剛中也；不寧方來，上下應也；後夫凶，其道窮也。」皆依卦象而釋其理」）。

六二，比之自內，貞吉。

《注》：二在坤中；坤，國之象也。得位應五，而體寬大；君樂民人自得之象也。故曰比之自內貞吉矣。（集解引，四家皆輯之。）

案：比卦坤下坎上，六二居坤之中，故云「二在坤中」。《說卦》：「坤為地。」虞翻云：「坤為邑。」（比九五集解），干寶云「坤，國之象也。」皆由《說卦》義推出。「得位應五」者，位應之說（屢見上文，不贅），與王弼注同（周易注：「處比之時，居中得位，而繫應在五」）。「而體寬大，君樂民人自得之象也」者，則翼奉納甲應情之例（已詳蒙初六條。坤二納乙巳，翼奉上封事云：「西方之情，喜也，喜行寬大，巳酉主之」），而衡諸經傳，尚能不悖（比九五爻辭：「顯比，王用三驅失前禽，邑人不戒，吉。」比象傳：「先王以建萬國，親諸侯。」雜卦：「比樂」）。

六三，比之匪人。

象曰：比之匪人，不亦傷乎。

《注》：六三，乙卯，坤之鬼吏，在比之家，有土之君也。周為木德，卯為木辰，同姓之國也。爻失其位，辰體陰賊，管蔡之象也。比建萬國，唯去此人，故曰比之匪人，不亦傷王政也。（集解引，四家皆輯之。）

案：「六三，乙卯，坤之鬼吏」者，此「爻等」例也。其說係據「納支」（即八卦
六位也，詳乾初九）、「世應歸游」（詳屯象）而更益以五行生剋。設八純卦爲
母，爻爲子；則於五行凡子剋母者曰鬼（或稱官鬼，鬼吏），爲繫爻（或稱困）；
母剋子者曰財（即寶貝），爲制爻；子生母者曰天地（即父母），爲義爻；母
生子者曰福德（即子孫），爲寶爻（或稱保）；母子同曰兄弟，爲專爻（京氏
易傳如此，揆諸靈寶經，淮南子，殆是；惠棟易例魯爻，專魯形似而誤刊）。
比，坤下坎上；坤宮歸魂卦。坤爲土；坤六三納乙卯，木也。木剋土，爲子
剋母，故六三爲坤之鬼吏也。考「爻等」之說，干寶附會於《易‧繫辭》（下
繫：「爻有等，故曰物。」干寶曰：「等，群也。爻中之義，群也。爻中之義，
群物交集，五星四氣，六親九族，福德形殺，眾形萬類，皆來發于爻，故總
謂之物也」），其實干支生剋之說，《靈寶經》、《淮南子》皆言之（靈寶經，惠
棟以爲周秦時書。抱朴子引之，謂：「支干上生下曰寶日；下生上曰義日；上
克下曰制日；下克上曰伐日；上下同曰專日。」淮南天文曰：「子生母曰義；
母生子曰保，子母相得曰傳；母勝子曰制，子勝母曰困」），京房首用之說《易》
（京氏易傳卷上，乾卦：「水配位爲福德；木入金鄉居寶貝；土臨內象爲父母；
火來四上嫌相敵；金入金鄉木漸微。」陸績注：「甲子水是乾之子孫；甲寅木，
乾之財；甲辰土，乾父母；壬午火，乾官鬼；壬申金，同位傷木。」又卷下
易積算法：「八卦鬼爲繫爻，財爲制爻，天地爲義爻，福德爲寶爻，同氣爲專
爻」），後世從之者，唯《九家》（小畜九五象「不獨富也」，集解引九家易曰：
「五以四陰作財，與下三陽共之，故曰不獨富也。」蓋以卦體木，六四辛未
土，母剋子曰財也）及干寶耳。「在比之家」者，爻位遠近之例（干寶注明夷
云：「一爲室，二爲戶，三爲庭，四爲門。」六三爲庭，故在比之家。詳明夷
條）。「有土之君」者；比下體坤，爲有土；比建萬國（比象傳：「地上有水，
比，先王以建萬國，親諸侯」），六三亦爲諸侯；故曰有土之君。「周爲木德」，
此王肅說（見家語，已詳屯象條），而六三納乙卯爲木辰，故干寶以爲「同姓
之國」。云「爻失其位」，此言爻位例（屢見上文，不贅）。云「辰體陰賊」，
此翼奉納甲應情之說（翼奉上封事曰：「東方之情，怒也，怒行陰賊，亥卯主
之。」孟康注云：「木性受水氣而生，貫地而出，故爲怒；以陰賊害土，故爲
陰賊也。」詳見蒙初六條），故以「管蔡之象」當之。干寶既由「爻等」推知
「六三」爲「鬼吏」；由坤比之象推知「六三」爲「有土之君」；由「五行終
始」「納甲應情」推知「六三」當「管蔡之象」：於是得「比建萬國，唯去此
人」之結論，並以之釋六三《象傳》「比之匪人，不亦傷王政也」之義。然《象

傳》實無「王政」二字，其義廣；今加「王政」二字而附會以管蔡，《易》義小矣。

六四，外比之貞吉。

象曰：外比於賢，以從上也。

《注》：四為三公，在比之象（張惠言云：「象當為家。」），而得其位，上比聖主，下御列國，方伯之象也。能外親九服賢德之君，務宣上志，綏萬邦也。故曰：外比于賢，以從上也。（集解引，四家皆輯之。）

案：干寶此注大體係就「爻辰貴賤」說（已見坤六三）及「爻位得失」說（已見王肅章貴六五條）而立論。六四為三公，以陰居陰，是為得位；上比九五之聖主，下御六三之列國，故為方伯之象。「外親九服賢德之君」仍謂六三之諸侯列國；「務宣上志」之「上」仍謂九五之聖主。蓋干寶於爻辰貴賤，以三為諸侯，四為三公，與《乾鑿度》、京房、虞翻以三為三公，四為諸侯者異（已見坤六三），唯崔憬以「四主三孤三公，牧伯之位」「三諸侯之位」（繫辭下集解引，已詳坤六三條），與干寶同。又干寶於比六三注云：「管蔡之象」。於六四注則以六三為「賢德之君」，前後矛盾，未悉其何以自圓？王弼以「外比於五」注「外比於賢」，是「五」即「賢」，實較干注為勝。

兌下
乾上 履

九五，夬履貞厲。

象曰：夬履貞厲，位正當也。

《注》：夬，決也。居中履正為履，貴主萬方，所履一決于前，恐夬失正，恆懼危厲；故曰：夬履貞厲，位正當也。（集解引，四家皆輯之。）

案：此注全依象象而闡發之。「夬，決也；剛決柔也。」《夬·象傳》文。《序卦》云：「夬者決也」；《雜卦》云：「夬，決也；剛決柔也。」皆同《象傳》。「居中履正為履，貴主萬方，所履一決于前，恐夬失正，恆懼危厲。」則據《履·象傳》「剛中正履帝位」之義。王弼《周易注》云：「得位處尊，以剛決正，故曰夬履貞厲也；履道惡盈，而五處尊，是以危。」義並相近。其後孔穎達《正義》：「在九五之位，不得不決斷其理。」即取干寶「一決于前」意。

☰ 乾下
離上　大有

九三，公用享于天子；小人弗克。

《注》：享宴也。（宋本盧本釋文引作「于云享宴也」；晁氏易引作「干寶云享宴也」；漢上易傳引作「干寶曰享燕也」。此條馬國翰未輯；孫堂張惠言輯皆作「享宴也」；黃奭輯作「亨宴也」。）

案：亨享字，甲文作𤉲（前、二、三、八、四）、𤉲（藏、一一三、一）、𤉲（後、下、十七、九）、𤉲（藏、一五二、三）；金文作𤉲（高敦）、𤉲（豐子敦）、𤉲（周悆鼎）、𤉲（師𡦝敦）。吳大澂《說文古籀補》云：「象宗廟之形。」是也。《說文》：「𤉲，獻也；亯，篆文亯。」段玉裁注：「其形：薦神作亨，亦作享；飪物作亨，亦作烹；易之元亨，則皆作亨：皆今字也。」楊樹達先生《卜辭求義》云：「古文亯字，後字分化為享亨烹字。」《大有》九三：「公用享于天子。」享字，弼本作亨。許庚反（見《釋文》），順通（注云：「乃得通乎天子之道也」）；而《釋文》引：「眾家並香兩反，京云獻也，干云享宴也，姚云享祀也。」是京房、干寶、姚信並以為享字。考《左傳》僖公二十五年：「秦伯師于河上，將納王。狐偃言於晉侯曰：『求諸侯莫如勤王，諸侯信之，且大義也。繼文之業而信宣於諸侯，今為可矣！』使卜偃卜之，曰：『吉！遇黃帝戰于阪泉之兆。』公曰：「吾不堪也。」對曰『周禮未改：今之王，古之帝也。』公曰：『筮之！』筮之，遇大有☰之睽☲。曰：『吉。遇公用享于天子之卦。戰克而王饗，吉孰大焉？』」杜預注：「為主所宴饗。」朱震《漢上易傳》據《左傳》而以「卜偃時讀《易》作『公用享于天子』，杜預亦然。」干寶字作「享」而訓「宴」，與《左傳》杜注合。

九四，匪其彭，无咎。

《注》彭，亨，驕滿貌。（釋文引「干云」，項安世周易玩辭卷三「六有中爻條引作干寶云彭亨盛滿貌也」。張孫黃皆據釋文輯，馬國翰據玩辭輯。）

案：彭字之義，《釋文》引王肅云「壯也」；干寶云「亨驕滿貌」，義與「壯」近。程頤《易傳》云：「彭，盛多之貌。」《漢上易傳》云：「盛滿貌。」並從干義。項安世《周易玩辭》亦引干寶《注》而題之。王弼注：「常匪其旁，則无咎矣，旁謂三也。」作旁邊之旁解，干寶不採。詳已見王肅章。

䷔ 震下
離上 噬嗑

初九，屨校滅趾，无咎。

《注》：趾，足也，屨校，貫械也。初居剛躁之家，體貪狠之性，以震掩巽，強暴之男也。行侵陵之罪，以陷屨校之刑；故曰：屨校滅趾。得位于初，顧震知懼，小懲大戒，以免刑戮，故曰无咎矣。（集解引，四家皆輯之。）

案：云「趾，足也；屨校，貫械也」，常訓也，虞翻、王弼皆然（集解引虞翻云：「屨貫趾足也。」王弼周易注云：「屨校滅趾，桎其行也，足懲而已。校者，以木絞校者也，即械也。」李道平纂疏云：「以械爲屨，故曰屨校，漢謂之貫械，後漢書李固傳云：『渤海王調貫械上書。』是也」）。言「初民居剛躁之家」者，據《說卦傳》而云然（噬嗑震下離上，說卦：「震爲決躁。」李道平纂疏以噬嗑爲巽宮五世卦，說卦：「巽其究爲躁卦。」亦通）。云「體貪狠之性」者，納甲應情之例（據八卦六位圖，震初庚子水。翼奉上封事云：「北方之情，好也；好行貪狠。」孟康注云：「水性觸地而潤，多所好；故多好則貪而無厭。」說已見蒙初六條）。言「以震掩巽，強暴之男也」者，則世應之說（噬嗑爲巽宮五世卦，下體巽變爲震。說卦：「震謂之長男，巽爲長女」）。綜上之象，干寶以初九「行侵陵之罪以陷屨校之刑」，故爻辭曰「屨校滅趾」也。其下又釋爻辭「无咎」之義曰：「得位於初，顧震知懼，小懲大戒，以免刑戮，故曰无咎。」蓋據爻位得失（屢見上文，不贅）及震卦卦象（震卦辭：「震驚百里」象傳：「驚遠而懼邇也」；象傳：「君子以恐懼脩省」）而立言，其義兼取虞翻「初位得正」王弼「小懲大誡」之說（虞干皆以初爲陽位，集解引虞翻云：「初位得正，故无咎。」爲干寶注「得位於初」之所本。王弼則以初上无位，二四陰位，三五陽位。其注噬嗑初九云：「居无位之地，以處刑初。小懲大誡，乃得其福，故无咎也。」干寶云：「小懲大戒以免刑戮。」即本弼意）也。

象曰：屨校滅趾，不行也。

《注》：不敢遂行強也。（集解引，四家皆輯之。）

案：強者，即前注所謂「強暴」也。此注純釋象傳「不行」之意。與王弼注「過止於此」義相近。李道平以互體說之（纂疏云：「震爲行爲剛躁，是行彊也，互艮以止之，故不敢遂行彊也」），恐非實旨。

☲☶ 離下
艮上　**賁**

象曰：觀乎天文，以察時變；觀乎人文，以化成天下。

《注》：四時之變，懸乎日月；聖人之化，成乎文章。觀日月而要其會
通；觀文明而化成天下。（集解引，四家皆輯之。）

案：李道平《纂疏》以爲干寶注本《下繫》、《論語》、《尙書》之義，其言甚是（纂
　　疏：「繫下曰：『日月相推則明生；寒暑相推則歲成。』故云：『四時之變，懸
　　乎日月。』論語云：『巍巍乎其有成功也；煥乎其有文章。』故云：『聖人之
　　化，成乎文章。』『觀日月而要共會通』，即堯典所謂『朞三百有六旬有六日，
　　以閏月定四時成歲』是也；『觀人文而化成天下』，即堯典所謂『欽明文思，
　　光被四表，格于上下』是也」），《伊川易傳》釋此即從干寶義（伊川易傳云：
　　「天文謂日月星辰之錯列，寒暑陰陽之代變，觀其運行，以察四時之遷改也。
　　人文，人理之倫序，觀人文以教化天下，天下成其禮俗，乃聖人用賁之道也」）。

上九，白賁无咎。

象曰：白賁无咎，上得志也。

《注》：白，素也。延山林之人，采素士之言，以飾其政，故上得志也。
（釋文引，四家皆輯之。）

案：上九白賁无咎者，賁極反素之意，與「素士」無涉，干寶必云「采素士之言
　　以飾其政」者，緣經術以諷政事也。此處當以弼《注》所言：「處飾之終，飾
　　終反素，故任其質素，不勞文飾，故曰『白賁无咎』也。守志任眞，得其本
　　性，故象云『上得志也』，言居上得志也。」最妥。宋儒如程頤、朱熹皆從弼
　　說（伊川易傳曰：「上九，賁之極也，賁飾之極，則失於華僞，唯能質白其賁，
　　則无過飾之咎。」朱熹本義曰：「賁極反本，復於无色，善補過矣，故其象占
　　如此」）。

☵☵ 坎下
坎上　**習坎**

象曰：水洊至，習坎。（洊，弼本作洊。釋文：「洊，在薦反。徐在悶反，舊又
才本反。爾雅云：再也。劉云仍也。京作臻。干作洊。」四家皆輯之。）

案：洊字，《釋文》引劉表作「洊」，云「仍也」；王弼本亦作「洊」，訓「相仍」（周

易注）。劉表、王弼皆傳費氏《易》，是費氏《易》作「洊」訓「仍」也。《釋
文》又云「京作臻」，而陸績傳京氏《易》而作「洊」訓「再」。是京氏《易》
雖本作「臻」而傳者或改作「洊」。然則干寶作「荐」，洊荐字通（爾雅釋言：
「荐，再也。」而《釋文》引爾雅作「洊」而云「再也」，證一。《說文》：「洊，
水至也。」集韻：「洊或作洊。」《說文》：「荐，薦席也。」集韻：「荐，再也，
通作洊。」證之二），字形不同於《京易》、《費易》；而字義與洊實通。

初六，習坎，入於坎窞，凶。

《注》：窞，坎之深者也。江河淮濟，百川之流行乎地中，水之正也。
及其為災，則泛溢平地而入于坎窞，是水失其道也。刑獄之用，必當
于理，刑之正也。及其不平，則枉溢无辜，是法失其道也。故曰：入
于坎窞，凶矣。（集解引，四家皆輯之。）

案：言「窞，坎之深者也」，此釋字義，虞翻、王肅、王弼釋義皆近（集解引虞翻
曰：「坎中小穴稱窞。」《釋文》引王肅曰：「窞，坎底也。」王弼周易注曰：
「最處坎底，入坎窞者也」）。其下由水之失道推言法之失道，則由弼《注》「失
道而窮」一語而發。

六三，來之坎坎，險且枕，入于坎窞，勿用。

象曰：來之坎坎，終无功也。

《注》：坎，十一月卦也，又失其位；喻殷之執法者失中之象也。來之
坎坎者，斥周人觀釁于殷也。枕，安也。險且枕者，言安忍以暴政加
民，而無哀矜之心，淫刑濫罰，百姓无所措手足，故曰：來之坎坎，
終无功也。（集解引，四家皆輯之。）

案：云「坎十一月卦也」者，京房卦氣之說也（孟喜、京房，皆倡卦氣之說，而
內容微異焉。孟喜以「坎離震兌，二十四氣，次主一爻。」見新唐書曆志一
行卦議引孟氏章句。餘六十卦值三百六十五日又四分之一，故每卦值六日又
八十分之七。易緯稽覽圖及孔穎達正義復卦辭「七日來復」下皆述其法。四
正卦說既主二十四氣，故鄭玄注易緯通卦驗云：「冬至坎始用事，而主六氣，
初六爻也。」「小寒於坎直九二。」「大寒於坎直六三。」「立春於坎直六四。」
「雨水於坎直九五。」「驚蟄於坎直上六。」是據孟喜之說，坎六爻分主六氣。
干寶此云「坎十一月卦」，顯非孟學。京房之說，見於一行卦議，曰：「京氏
又以卦爻配期之日，坎離震兌，其用事自分至之首，皆得八十分日之七十三；

頤晉井大畜，皆五日十四分，餘皆六日七分。」是京氏以四正卦，皆主一日之八十分之七十三。坎主冬至，離主夏至，震主春分，兌主秋分。冬至在十一月，故干寶以「坎十一月卦也。」蓋用京房之說）。言「又失其位」者，爻位得失之例（屢見上文，不贅），王弼亦言之（周易注云：「履非其位」）。十一月冬至，非中也；六陰居三陽，又失位。喻以史事，則「殷之執法失中之象也」。故干寶云然。又言「來之坎坎者，斥周人觀釁于殷」者，李道平《纂疏》云：「殷法失中爲坎坎；周來觀之爲來之坎坎。」訓字義與虞翻、王弼釋「之」爲往者異（虞云「在坎終坎故來之坎坎」，弼云「出則之坎居則亦坎」，之皆往意）；說《易》旨亦嫌附會。下云「險且枕者，言安忍以暴政加民，而無哀矜之心，淫刑濫罰，百姓无所措手足」，牽強更甚矣。

周易下經

離下坤上　明夷

六四，于出門庭。

《注》：一爲室，二爲戶，三爲庭，四爲門。故曰：于出門庭矣。（集解引，鄭剛中周易窺餘卷九引「四爲門」下更有「四在門庭之間，故以出爲言。」句。疑鄭之案語。四家皆據集解輯之。）

案：張惠言《易義別錄》云：「此爻位遠近之例。」是也。又《師》上六干注：「上爲郊。」張惠言以：「或者五爲國，上爲郊也。」參閱《師》上六條。

艮下坎上　蹇

九五，大蹇朋來。

象曰：大蹇朋來，以中節也。

《注》：在險之中，而當王位，故曰大蹇。此蓋以託文王爲紂所囚也。承上據四應二，衆陰並至，此蓋以託四臣能以權智相救也，故曰以中節也。

案：云「在險之中」者，據《象傳》（蹇象傳：「蹇，難也，險在前也。見險而能止知矣哉。」蹇卦艮下坎上，坎險艮止故也）。言「而當王位」者，爻位貴賤

例（已詳坤六三條。履象傳：「剛中正，履帝位而不疚。」謂九五陽剛居五帝位。蓋五爲帝位於象傳亦有徵）。王而險，故干寶以爲「文王爲紂所囚」之象也。然干注《乾》初九云「此文王在羑里之爻」；注《乾》九五云「此武王克紂正位之爻」。與此不盡相符。云「承上據四應二，眾陰並至」者，乘承據附相應之例（凡爻之在上者，於下爲乘；爻之在下者，於上爲承。以陽爻乘陰爻者爲據；以陰爻承陽爻者爲附。凡爻之初四、二五、三上，陰陽互異曰應。考寋九五承上六，據六四，應六二，故曰：眾陰並至）。云「此蓋以託四臣能以權智相救也」者，以四臣喻眾陰而釋「朋來」，與上文「此蓋託文王爲紂所囚也」皆援《易》說史之例也。

震下
巽上 **益**

六二，或益之十朋之龜，弗克違，永貞吉。王用享于帝，吉。

《注》：聖王先成其民，而後致力于神，故王用享于帝。在巽之宮，處震之象，是則蒼精之帝同始祖矣。（集解引，四家皆輯之。）

案：「聖王先成民而後致力於神」，《左傳》桓公六年季梁諫隨侯語。引以說「王用享于帝」之義。「在巽之宮」，謂益爲巽宮三世卦；「處震之象」，謂六二處內卦震中；震巽於五行皆屬木，木于時屬春，其神蒼精，故曰「是則蒼精之帝同始祖矣」（李道平纂疏云：「震巽于五行皆屬木，木于時屬春，月令：『孟春之月，其帝大皥，其神句芒。』鄭注：『此蒼精之君，木官之臣。』又春官小宗伯：『兆五帝于四郊。』鄭注：『蒼帝曰靈威仰，震巽同聲故曰『蒼精之帝同始祖矣』』」）。

六三，益之用凶事，无咎，有孚中行，告公用圭。

象曰：益用凶事，固有之矣。

《注》：固有如桓文之徒，罪近簒弒，功實濟世。六三失位，而體姦邪，處震之動，懷巽之權，是矯命之士，爭奪之臣，桓文之爻也。故曰：益之用凶事。在益之家，而居坤中，能保社稷，愛撫人民，故曰：无咎。既乃中行近仁，故曰：有孚中行。然後俯列盟會，仰致錫命，故曰：告公用圭。（集解引，四家皆輯之。）

案：「六三失位」爲爻位得失例；「而體姦邪」爲納甲應情例（震三庚辰，上方主之，樂行姦邪。翼奉上封事：「上方之情，樂也；樂行姦邪，辰未主之。」孟

康注云：「上方謂北與東也，陽氣所萌生，故爲上。辰窮水也，未窮木也。翼氏鳳云：『木落歸本，水流歸末，故木利在亥，水利在辰，盛衰各得其所，故樂也。水窮則無隙不入，木上出窮則旁行，故爲姦邪。』」參閱蒙初六條）；「處震之動懷巽之權」，於《十翼》皆有據（益卦震下巽上，六三處震之三，居巽之下。説卦：「震，動也。」序卦：「震者，動也。」繫辭下：「巽以行權」巽象傳：「隨風巽，君子以申命行事」）。「是矯命之士，爭奪之臣，桓文之爻也」及上文「固有桓文之徒，罪近篡弑，功實濟世」，比援史證《易》，以喻「益之用凶事」也。「在益之家而居坤中」，互體之例（互體之説，始於左傳，莊公二十二年傳：「周史有以周易見陳侯者，陳侯使筮之，遇觀▥▥之否▥▥。坤土也，巽風也，乾天也；風爲天於土上，山也。」謂否二至四爻互體艮，故曰山也。京房、鄭玄、虞翻皆用之説易。益卦二至四爻互體坤，六三居坤中）；「能保社稷愛撫人民」，據《説卦》「坤爲地爲眾」而推言（李道平纂疏：「坤地爲土，故能保社稷，坤眾爲民，故能保社稷」），以釋「无咎」者也。以下注語，皆由上文引申，茲不贅述。

▦▦ 乾下兌上　夬。揚于王庭，孚號有厲。

彖曰：孚號有厲，其危乃光。

《注》：夬，九五，則飛龍在天之爻也；應天順民，以發號令，故曰孚號。以剛決柔，以臣伐君，君子危之，故曰有厲。德大而心小，功高而意下，故曰其危乃光也。（集解引，四家皆輯之。）

案：《集解》引鄭玄曰：「夬，決也；陽氣浸長，至于五。五、尊位也；而陰先之。是猶聖人積德説天下，以漸消去小人，至于受命爲天子，故謂之夬。」干寶以「九五則飛龍在天之爻，應天順民，以發號令」云云，意與玄同。《夬・彖傳》：「夬，決也，剛決柔也。」干寶云「以剛決柔，以臣伐君，君子危之，故曰有厲」者，即由《彖傳》引申。然陽剛陰柔，陽君陰臣（説卦「乾爲君」，坤文言「坤爲臣道」），不得謂「剛決柔」爲「臣伐君」之象，故張惠言非之（易義別錄云：「武王伐紂之事也。剛決柔而象臣伐君，蓋以陽自下升，以至五也。蓋易象于是大謬矣」）。云「德大而心小，功高而意下，故曰其危乃光也」者，是以「危」爲「危惕」之意。與荀爽「眾陽危去上六」（集解引）及王弼「邪者危」（周易注）説並異，然於義實較荀王爲長（夬象云「其危乃光」，其意猶乾九三：「君子終日乾乾，夕惕若厲，无咎。」之義，謂居危而惕，其

道乃光也)。《伊川易傳》云「知有危懼，則君子之道乃无虞而光大也。」即遵干旨。

告自邑。

《注》：殷民告周以紂无道。（集解引，四家皆輯之）。

案：援《易》說史之例。

 巽下
乾上 姤

九五，以杞苞瓜，含章。

《注》：初二體巽，為草木；二又為田，田中之果，柔而蔓者，瓜之象也。（集解引，鄭剛中周易窺餘卷十引干寶曰：「巽爲草木，又爲田，田中之果柔而蔓，瓜之象。」四家皆據集解輯之。）

案：姤卦巽下乾上，故云「初二體巽」，《說卦》「巽爲木。」故云「爲草木」（李道平纂疏云：「初二體巽，剛爻爲木柔爻爲草」）。乾九二曰「見龍在田」，故「二又爲田」（張惠言易義別錄云：「虞氏象例」）。綜上諸象，故以「田中之果，柔而蔓者，瓜之象也。」然九五爻辭，不應據初二而立言，其附會亦太甚矣。

巽下
坤上 升

九二，孚乃利用禴，无咎。

象曰：九二之孚，有喜也。

《注》：剛中而應，故孚也。又言乃利用禴于春時也。非時而祭曰禴。然則文王儉以恤民，四時之祭，皆以禴禮，神享德與信，不求備也。故《既濟》九五曰：東鄰殺牛不如西鄰之禴祭，實受其福。九五坎，坎為豕，然則禴祭以豕而已，不奢盈于禮，故曰有喜矣。（集解引，四家皆輯之。）

案：言「剛中而應故孚也」，義同王弼（周易注：「與五爲應，往必見任，體夫剛德，進不求寵，閑邪存誠，志在大業，故乃利用納約于神明矣」）。以禴祭「于春時」，據《禮記・王制》（禮記王制：「天子諸侯宗廟之祭，春曰礿，夏曰禘，

秋日嘗，冬日烝。」鄭玄注云：「此蓋夏殷之祭名；周則改之。春日祠，夏日
礿。」孔穎達正義：「春日礿者，皇氏云：礿，薄也，春物未成，其祭品鮮薄
也。」礿即禴字也），說與馬融、王肅、王弼並同（《釋文》：「禴、羊略反，
殷春祭名，馬、王肅同。」詳王肅章佚文萃六二條。王弼周易注：「禴，殷春
祭名，四時祭之省者也」）然《周禮·春官·大宗伯》謂「以禴夏享先王」，
是周改殷禮，不於春時行禴祭，而於夏時行禴祭。故干寶又云：「非時而祭曰
禴。」（考殷周之際，年分春秋二季，而無四時之稱。禴為薄祭，非專于春也，
已詳王肅章）。以下「然則文王……」云云，援史說《易》也；又明引《既濟》
九五「東鄰殺牛」之文，暗用《升》六四「王用亨於岐山」之義以證成之。
言《既濟》「九五坎，坎為豕，然則禴祭以豕而已」者，用鄭玄《禮記·坊記》
注義（坊記：「易曰：東鄰殺牛不如西鄰之禴祭，實受其福。」鄭玄注：「東
鄰謂紂國中也；西鄰謂文王國中也。此辭在既濟。既濟離下坎上，離為牛，
坎為豕。西鄰禴祭則用豕與？言殺牛而凶，不如殺豕受福；喻奢而慢不如儉
而敬也。春秋傳曰：『黍稷非馨，明德惟馨。』信矣」）。

坎下
兌下　困

初六，臀困于株木。

《注》：兌為孔穴，坎為隱伏。隱伏在下，而漏孔穴，臀之象也。（集解
引，馬國翰未輯，他三家皆輯之。）

案：「兌為孔穴」，其義未詳（張惠言云「逸象」；李道平云「兌上口開為孔穴。」）。
「坎為隱伏」，則《說卦》文。然以「隱伏在下而漏孔穴」為「臀之象也」，
說既鄙淺，用坎下兌上之卦體以釋初六一爻，尤非。張惠言譏其疏（易義別
錄曰：「若以兌為孔穴，則出隱伏之上，非臀象，尤非初象，干氏取象其疏如
此」），良有以也。

巽下
坎上　井

改邑不改井，无喪无得，往來井井，汔至亦未繘井。羸其瓶，凶。

《注》：水，殷德也；木，周德也。夫井，德之地也，所以養民性命而
清絜之主者也。自震化行，至于五世，改殷紂比屋之亂俗，而不易成
湯昭假之法度也。故曰改邑不改井。二代之制，各因時宜，損益雖異，

括囊則同；故曰无喪无得，往來井井也。當殷之末，井道之窮，故曰汔至。周德雖興，未及革正，故曰亦未繘井。井泥為穢，百姓無聊，比屋之間，交受塗炭，故曰羸其瓶凶矣。（集解引，四家皆輯之。）

案：井卦巽下坎上，《說卦》：「巽爲木，坎爲水。」故鄭玄注井卦云：「坎水也；巽木，桔橰也。」干寶云「水，殷德也，木，周德也」者，則據王肅僞《孔子家語》五行終始說（已見屯象傳）而云然。言「井，德之地也」，爲《繫辭傳》下文（繫辭傳下云：「易之興也，其於中古乎？作易者，其有憂患乎？是故：履，德之基也；謙，德之柄也；復，德之本也；恆，德之固也；損，德之脩也；益，德之裕也；困，德之辯也；井，德之地也；巽，德之制也」）。云「所以養民性命而清潔之主者也」者，據《井·象傳》及井九五爻辭王弼《注》而發揮之（井象傳：「井養而不窮也。」井九五：「井洌寒泉食。」王弼注：「洌，潔也」）；唐史徵《周易口訣義》從其說（口訣義云：「古人穿地汲水，以供人用，故謂之井；井以潔靜爲義也。」又云：「不以貴賤汲引，改其清潔之性也」）。云「自震化行，至于五世」者，世應說（井，震宮五世卦）。李道平《纂疏》云：「蓋帝出乎震，木道乃行；五變成坎，其象爲井，是『改殷紂比屋之亂俗，而不改成湯昭格之舊法，故曰改邑不改井。』」是也。干寶云「二代之制，各因時宜，損益雖異，括囊則同，故曰无喪无得，往來井井」者，蓋以《論語·爲政》篇「殷因於夏禮，所損益可知矣；周因於殷禮，所損益可知也。其或繼周者，雖百世可知也」附會之。以下釋「汔至」爲「當殷之末，井道之窮」；釋「亦未繘井」爲「周德雖興未及革正」；釋「羸其瓶凶矣」爲「井泥爲穢，百姓無聊，比屋之間，交受塗炭」：無一非援《易》說史。蓋《繫辭傳》下於「《易》之興也，其於中古乎？作《易》者，其有憂患乎？」下舉履、謙、復、恆、損、益、困、井、巽等卦爲例言之（見上引），《繫辭傳》又云：「《易》之興也，其當殷之末世，周之盛德邪！當文王與紂之事邪！」而井九三復有「王明受福」之文，於是干寶注井卦皆以殷周之事託之矣。

初六，井泥不食，舊井无禽。

《注》：在井之下，體本土爻，故曰泥也。井而為泥，則不可食。此託紂之穢政，不可以養民也。舊井謂殷之未喪師也，亦皆清潔，无水禽之穢，又況泥土乎？故曰舊井无禽矣。（集解引，四家皆輯之。）

案：井卦巽下坎上，巽初辛丑爲土，故云「在井之下體本土爻」，納干支之例也（詳乾初九條）。以釋井初六所以爲井「泥」之故。其義與虞翻「初下稱泥」、王

弼「最在井底」皆異，而義最迂曲。其下「託紂之穢政」云云，直以《易》
爲讖數之書。考井初六《象》云：「井泥不食，下也；舊井无禽，時舍也。」
《集解》引崔憬曰：「處井之下，无應于上。則是所用之井不汲，以其多塗；
久廢之井不獲，以其時舍。故曰『井泥不食舊井无禽』。禽古擒字，擒猶獲也。」
所釋最是，干寶《注》違《象傳》，殆非《易》旨。

九三，井渫不食，爲我心惻；可用汲，王明，並受其福。

象曰：井渫不食，行惻也；求王明受福也。

**《注》：此託殷之公侯，時有賢者，獨受成湯之法度而不見任，謂微箕
之倫也。故曰井渫不食，爲我心惻。惻，傷悼也。民乃外附，故曰：
可用汲。周德來被，故曰王明。王得其民，民得其王，故曰王明受福
也。**（集解引，四家皆輯之。）

案：依爻位貴賤例，三爲三公，或云諸侯，故干寶統言「公侯」（已詳坤六三及
比六三）。渫者，浚渫也（鄭玄易注如此，見文選登樓賦注引。集解引荀爽
曰：「渫去穢濁，清絜之意也。」史記集解引向秀曰：「渫者，浚治去泥濁也。」
其意亦同），猶臣修正其身以事君（鄭玄易注如此，見文選登樓賦注引），故
干寶喻爲「賢者」。殷紂之世，公侯之賢者，其必微箕乎！故干寶以微箕當
之。然干寶注下文又云「民乃外附故曰可用汲」，以九三爲民，與託之微箕
者矛盾，此不可通者一；又云「周德來被故曰王明」，與《象傳》「求王明受
福」者異義（既云「求王明」，則王實不明）此不可通者二。先儒引《易》「王
明受福」者多矣，俱不以周王當之（如史記屈原列傳：「懷王以不知忠臣之
分，故內惑於鄭袖，外欺於張儀，疏屈平而信上官大夫令尹子蘭，兵挫地削，
亡其六郡，身客死於秦，爲天下笑：此不知人之禍也。易曰：『井渫不食，
爲我心惻；可以汲，王明，並受其福。』王之不明，豈足福哉！」王符潛夫
論明忠篇：「易曰：『王明，並受其福。』是以忠臣必得明君乃能顯其節，良
吏必得察主乃能成其力。」徐乾中論爵祿篇：「孔子栖栖而不居者蓋憂道廢
故也。易曰：『井渫不食，爲我心惻；可用汲，王明，並受其福』」）。蓋限以
周王，則《易》爲周家紀事之書，其義實狹；不限於周，則《易》爲世人寡
過之書，其義實廣。

六四，井甃无咎。

《注》：以甎壘井曰甃。（通志堂經解本釋文：「甃側舊反。馬云爲瓦裏下達上

也。子夏傳云脩治也。干云以甎礨井曰甃。字林云井壁也。」干字，南昌府學十三經注疏本附釋文作「本」字，阮元校勘記：「補閩監本同。宋本盧本本作干。案干字是也。」晁氏易亦作「干云以甎礨井曰甃。」孫馬黃輯之，張惠言未輯。）

案：干寶訓「甃」字，與馬融、虞翻、呂忱《字林》並同（馬融、字林，已見《釋文》，集解引虞翻曰：「以瓦覓礨井筴甃」）；而異於《子夏易傳》、王弼《周易注》（子夏傳云脩治，已見《釋文》。周易注云：「可以脩井之壞。」即從子夏）。孔穎達《周易正義》，雖全依弼《注》，然於「甃」字亦採「以塼礨井」之訓（周易正義：「以塼礨井，脩井之壞，謂之爲甃」）。

上六，井收网幕，有孚无吉。（网，王弼本、李鼎祚本並作勿。釋文：「干本勿作网。」晁氏易引陸氏云：「干本勿作罔。」网者象形之初文，罔者，或如亡聲，网之重文也。集解：「干本勿爲内。」内爲网之壞字。鄭剛中周易窺餘：「干本幕爲羃」。蓋合内幕爲羃。四家皆據釋文輯之。）

案：网勿皆明母字，於音爲雙聲；网可訓無，與勿義亦相近。

象曰：元吉在上，大成也。

《注》：處井上位，在瓶之水也，故曰井收。幕，覆也。井以養性，政以養德；无覆水泉而不惠民，无蘊典禮而不興教。故曰井收网幕。网幕，則教信於民，民服教則大化成也。（集解引，网原作网，依釋文正。四家皆輯之。）

案：「處井上位，在瓶之水也，故曰井收。」同王弼義（周易注：「處井上極，水已出井，井功大成，在此爻矣，故曰井收也」），井功大成；馬融、虞翻義並不異（釋文引馬云：「收，汲也。」集解引虞翻曰：「謂以鹿盧收繘也」）。「幕，覆也」，從王弼（周易注：「幕猶覆也」）；虞翻義近（集解引虞翻曰：「幕，蓋也」）。其下「井以養性，政以養德；无覆水泉而不惠氏，无蘊典禮而不興教。故曰井收网幕。网幕，則教信于民，民服教則大化成也。」與王弼意復相似（周易注：「群下仰之以齊，淵泉由之以通者也。不擅其有，不私其利，則物歸之，往無窮矣。故曰勿幕有孚元吉也」）。由易象推之人事也。

䷰ 離下
兌上　**革。巳日乃孚，元亨利貞悔亡。**

象曰：革，水火相息。二女同居，其志不相得曰革。巳日乃孚，革而

信。（革而信，弼本作革而信之，干寶注引象無之字。釋文：「革而信之，一本無之字。」殆指干寶本。此條四家皆未輯。）

《注》：天命已至之日也。乃孚，大信著也。武王陳兵孟津之上，諸侯不期而會者八百國，皆曰：「紂可伐矣。」武王曰：「爾未知天命，未可也。」還歸。二年，紂殺比干，囚箕子，周乃伐之。所謂「巳日乃孚革而信」也。（集解引，四家皆輯之。）

案：此援史證《易》之例也。武王陳兵云云，說本《史記》（周本紀云：「武王東觀兵至于盟津，時諸侯不期而會盟津者八百諸侯，諸侯皆曰：『紂可伐矣。』武王曰：『女未知天命，未可也。』乃還師歸居。二年，聞紂昏亂暴虐滋甚，殺王子比干，囚箕子。太師疵，少師彊抱其樂器而犇周，於是武王徧告諸侯，曰：『殷有重罪，不可以不畢伐。』是注所本）考《彖傳》下文云：「文明以說，大亨以正。革而當，其悔乃亡。」其意殆指一切改革。設革而當，其悔乃亡；革而不當，則猶有悔。故下文繼舉「天地革而四時成；湯武革命，順乎天而應乎人。」為例以明之。非謂革卦即湯武之事也。干寶以此卦實記史事，又舍湯而專言武王，殆違《象》旨。鄭玄注云：「革，改也。火火相息而更用事，猶王者受命，改易正朔，易服色；故謂之革也。」（集解引）。泛言「王者受命」，是不專指湯武。王弼云：「夫民可與習常，難與適變；可與樂成；難與慮始。故革之為道，即日不孚，巳日乃孚也。孚然後乃得元亨利貞悔亡也。巳日而不孚，革不當也。悔吝之所生，生乎變動者也。革而當，其悔乃亡也。」（周易注）。亦不限以湯武。

文明以說，大亨以正。革而當，其悔乃亡。天地革而四時成，湯武革命，順乎天而應乎人，革之時大矣哉。

《注》：革天地；成四時；誅二叔；除民害；天下定；武功成：故大矣哉也。

案：《象傳》舉湯武事以說悔亡之義，非謂革卦當湯武之事。故干寶以周公誅二叔事說之。

初九，鞏用黃牛之革。

《注》：鞏，固也。離為牝牛。離爻本坤，黃牛之象也。在革之初而无應據，未可以動，故曰：鞏用黃牛之革。此喻文王雖有聖德，天下歸周三分之二而服事殷，其義也。

案：云「鞏，固也」，同馬融、王弼（《釋文》：「鞏，九勇反，固也。馬同。」周易注：「鞏，固也」）。云「離爲牝牛」，本《離》卦辭（離卦辭：「離，利貞亨，畜牝牛，吉」），《荀氏九家集解》本於《說卦》離後有「一爲牝牛」（見陸氏《釋文》引，晁氏易同），然虞翻斥爲俗說（集解引虞翻曰：「俗說皆以離爲牝牛，失之矣」）云「離爻本坤黃牛之象」者，或據《說卦》「離再索而得女」「坤爲地爲子母牛」而附會之（姚配中周易姚氏學：「案：離得坤中氣，坤爲黃牛。」李道平纂疏：「離中爻自坤來，坤土色黃，又爲子母牛，故有黃牛之象」）。云「在革之初而无應據，未可以動」者，此用應據之例（應據屢見上文。在革之初、四无正應，下又无據），以說「鞏用黃牛之革」之義也（姚配中周易姚氏學：「初得位不可化，故固也。此不可革者也」）。「此喻文王」以下云云，則以史喻《易》也。

九四，悔亡有孚，改命吉。

象曰：改命之吉，信志也。

《注》：爻入上象，喻紂之郊也。以逆取而四海順之，動凶器而前歌後舞；故曰悔亡也。中流而白魚入舟，天命信矣；故曰有孚。甲子夜陳雨甚至，水德賓服之祥也；故曰：改命之吉，信志也。（集解引，四家皆輯之）

案：干寶言郊，凡有二例。一、上下兩卦之際曰郊（需初九「需于郊」，干注：「郊，乾坎之際也」）；二、上爻爲郊（師上六干注：「上爲郊」）。此云「爻入上象，喻紂之郊也。」則取上下兩卦之際曰郊之義也。干寶注易，每以商周事喻之，故云「喻紂之郊」。以下注文，皆取《尚書》及《史記》所載史實（李道平纂疏：「爻入上象在外，國外曰郊，故喻紂之郊。書武成：『陳于商郊』是也。又曰：『會于牧野』是逆取也。又曰：『大賚于四海而萬姓悅服』是四國順之也。兵，凶器也。牧誓曰：『稱爾戈，比爾干，立爾矛。』是動凶器也。尚書大傳曰：『維丙午王不師前，師乃鼓譟，師乃慆，前歌後舞，極于上天下地。』故云前歌後舞也。動而得正，故曰悔亡也。史記周本紀：『遂興師渡河，白魚躍入舟中。』是天命信矣，故曰有孚。呂氏春秋：『武王伐紂，將以甲子至殷郊，天雨，日夜不休，武王疾行不輟，至殷郊，因大戰，克之。』家語：『殷人以水王』故云水德賓服之祥也。周改殷命，志孚于天，故曰改命之吉信志也」）。

上六，君子豹變；小人革面。征凶；居貞。吉。

象曰：君子豹變，其文蔚也；小人革面，順以從君也。

《注》：君子，大賢次聖之人，謂若太公周召之徒也。豹，虎之屬；蔚，炳之次也。君聖臣賢，殷之頑民，皆改志從化，故曰：小人革面。天下既定，必倒載干戈，包之以虎皮；將率之士，使為諸侯。故曰征凶居貞吉。得位有應，君子之象也。（集解引。「必倒載」至「為諸侯」義海撮要卷五引作「當偃武不用」。「言諸侯」下周易古象通所引有「示不復用也」。四家皆據集解輯之。）

案：《革》九五：「大人虎變。」《象》曰：「大人虎變，其文炳也。」上六居九五之上，爻辭曰：「君子豹變。」《象》曰：「君子豹變，其文蔚也。」蓋較諸九五而言之。干寶言「君子，大賢次聖之人。」「豹，虎之屬。」「蔚，炳之次也。」亦較諸九五而釋之。以君子為太公周召之徒；以小人為殷之頑民；以征凶居貞吉為天下既定偃武不用。蓋援史說《易》。言「得位有應」，位應之例（屢見上文，不贅）。

☰ 巽下
離上 **鼎**

六五，鼎，黃耳金鉉，利貞。

《注》：凡舉鼎者，鉉也；尚三公者，王也。金喻可貴，中之美也。故曰金鉉。鉉鼎得其物，施令得其道，故曰利貞也。（集解引，四家皆輯之。）

案：言「凡舉鼎者，鉉也」者，用《說文》及馬融義（《說文》：「鉉，舉鼎也。」《釋文》：「馬云：鉉，扛鼎而舉之也」）。言「尚三公者，王也」者，本鼎九四「鼎折足覆公餗」意，以鼎三足為三公（董仲舒春秋繁露精華篇：「夫鼎折足者，任非其人也。」荀悅漢紀哀紀下：「易曰鼎折足覆公餗，喻三公非其人也。」北堂書鈔設官部引應劭漢官儀：「三公三人以承君，蓋由鼎有足，故易曰：鼎，象也。」周禮秋官司烜氏正義引鄭玄周易注：「鼎三足三公象。」周易集解引九家易曰：「鼎者三足一體，猶三公承天子也」），六五當鼎足之上，故為王，與爻位貴賤例亦合也（已見坤六三）。云「金喻可貴，中之美也」者，六五居中也（凡爻居二五稱中），王弼亦倡此義（周易注：「居中以柔，能以通理納乎剛正，故曰黃耳金鉉利貞也」）。言「鉉鼎得其物，施令得其道」者，由《易》象推之人事，頗近鄭玄義（文選潘安仁西征賦注引鄭玄周易注曰：「金

鉉喻明道能舉君之官職也。」）。

上九，鼎玉鉉，大吉，无不利。

《注》：玉又貴于金者，凡亨飪之事，自鑊升于鼎，載于俎；自俎入於口，馨香上達，動而彌貴；故鼎之義，上爻愈吉也。鼎主亨飪，不失其和，金玉鉉之，不失其所；公卿仁賢，天王聖明之象也；君臣相臨，剛柔得節；故曰吉无不利也。（集解引，四家皆輯之。）

案：干寶首以亨飪之事，上爻愈吉，釋「玉鉉大吉」之故；繼由鼎和玉貴之象，以喻公卿仁賢；末云「君臣相臨，剛柔得節」，則據《象傳》「玉鉉在上剛柔節也」而云然，宋衷亦有「以金承玉君臣之節」之言，然宋衷以玉君金臣，又以卦變說之（宋衷注鼎六五云：「上尊故玉，下卑故金。金和良可柔屈，喻諸侯順天子。」是以玉爲天子，金爲諸侯也。又注鼎上九云：「上體乾爲玉。」蓋以鼎自大壯來，鼎上即乾上。卦變之說也），干寶則以金君玉臣（注六五云「尚三公者王也」，是金君也），又不言卦變，是爲異耳。鄭剛中作《周易窺餘》，於此爻亦採干義（卷十二：「干寶曰：凡亨飪之事，上達彌貴；故鼎之義，上爻彌吉。六五以金鉉鼎則堅而從事，人臣之義也。上九以玉鉉鼎，則剛而不變，人臣自振之道也。玉，陽精之純；上九，乾陽純極之象。溫潤見于外，則有節之義也。五以柔處中，嫌于不及，故節以上九之剛；上以剛居成，恐其過，故節以六五之柔。鼎道已成，剛柔相節；此其所以大吉无不利。干寶所謂上爻彌吉者，此也。」然「六五人臣之義」云云，則非干寶意）。

☳ 震下
震上　震。亨。震來虩虩，笑言啞啞，震驚百里，不喪匕鬯。

象曰：震亨，震來虩虩，恐致福也。笑言啞啞，後有則也。震驚百里，驚遠而懼邇也。出可以守宗廟社稷，以為祭主也。

《注》：周，木德，震之正象也，為殷諸侯。殷諸侯之制，其地百里，是以文王小心翼翼，昭事上帝，聿懷多福，厥德不回，以受方國，故以百里而臣諸侯也。為諸侯，故主社稷；為長子，而為祭主也。祭禮薦陳甚多，而經獨言不喪匕鬯者，匕牲體，薦鬯酒，人君所自親也。（集解引，四家皆輯之。）

案：言「周，木德，震之正象也」者，五行終始說（見屯象傳）言周爲殷諸侯，文王小心翼翼者，以震卦當文王爲諸侯事也，而文暗用《詩·大雅·大明》

篇句（大明：「維此文王，小心翼翼。昭事上帝，聿懷多福。厥德不回，以受方國」）。云震「爲諸侯故主社稷者」，荀悅、鄭玄、虞翻等先儒皆言之（已見屯宜建侯條）。云震「爲長子而爲祭主」，本《說卦》（說卦：「震爲長子」）。王肅亦言震「處則諸侯執其政；出則長子掌其祀。」（已詳王肅章）。以下言匕鬯人君所自親，同鄭玄義（周易集解引鄭玄周易注：「雷發聲聞于百里，古者諸侯之象，諸侯之教令能警戒其國内，則守其宗廟社稷，爲之祭主。不亡匕與鬯也。人君於祭之禮，匕牲體薦鬯而已，其餘不親爲也」）。

初九，震業虩虩，後笑言啞啞，吉。

《注》：得震之正，首震之象者，震來虩虩，羑裡之戹也，笑言啞啞，後受方國也。（集解引，四家皆輯之。）

案：干寶以初爲陽位，故云初九得震之正，與王弼初上无位說異（說屢見上文）。

其下以羑里之戹，後受方國釋爻辭，蓋干寶以《易》書周事故也。

六二，震爲厲，億喪貝，躋于九陵，勿逐，七日得。

象曰：震來厲，乘剛也。

《注》：六二木爻，震之身也；得位无應，而以乘剛爲危。此託文王積德累功以被囚爲禍也。故曰震來厲。億，歎辭也。貝，寶貨也；產乎東方，行乎大塗也。此以喻紂拘文王、閎夭之徒乃于江淮之浦求盈箱之貝而以賂紂也。故曰億喪貝。貝，水物，而方升于九陵，今雖喪之，猶外府也，故曰勿逐七日得。七日得者，七年之日也。故書曰：誕保文武受命惟七年。是也。（集解引，四家皆輯之。）

案：「六二木爻震之身也」者，《周易》卦身例，唯見於此（八卦地五行屬某，則該卦六爻中於五行亦屬某者爲該卦之卦身。惠棟易漢學卷五卦身考：「案震爲木，庚寅亦木也，故曰震之身。然則乾之九四壬申金；坎巽离之上爻，戊子水、辛卯木、己巳火；兌之九五丁酉金，皆身也。坤艮有二身：坤初六乙未、六四癸丑，艮初六丙辰，六四丙戌皆土也。所未詳也。」請參閱本章乾初九條所附八卦六位圖。又郭璞洞林以世爲身，與干寶異，見易漢學。洞林屬五行類，故不錄）。「得位无應，而以乘剛爲危」者，位應乘剛例（陰處陰位，故曰得位。二五皆陰，故曰无應。六二居初九之上，以陰乘剛，故危。屢詳於上文）。「託文王積德累功以被囚爲禍」者，援《易》證史也。「億，歎辭」者，虞翻、王弼義（集解引虞翻曰：「億，惜辭也。」王弼周易注：「億，辭

也。」《釋文》:「億本又作噫,同,於其反,辭也」),與鄭玄「十萬曰億」義異(《釋文》引)。言「貝寶貨也產乎東方行乎大塗也」者,據《說卦》「震,東方也。」「震為大塗」之文以釋爻辭「貝」字之義也。據傳釋經,其義實長。「以喻紂拘文王、閎夭之徒乃于江淮之浦求盈箱之貝以賂紂」,亦援《易》證史,《尚書大傳》嘗記其事(陳壽祺尚書大傳輯校卷一:「散宜生、南宮括、閎夭三子見文王於羑里,獻寶以免文王。」又:「散宜生之江淮之浦取大貝如車渠,陳於紂之廷。紂出見之,還而觀之。曰『此何人也?』散宜生遂趨而進曰:『吾西蕃之臣昌之使者。』紂大悅曰:『非子罪也,崇侯也。』遂遣西伯伐崇」)。云貝「升于九陵,今雖喪之,猶外府也」者,取《穀梁傳》荀息所謂我取之中府藏之外府語意也(穀梁傳僖公二年傳:「晉獻公欲伐虢,荀息曰:『君何不以屈產之乘,垂棘之璧,而借道乎虞也?』公曰:『此晉國之寶也。如受吾幣而不借吾道,則如之何?』荀息曰:『此小國之所以事大國也。彼不借吾道,必不敢受吾幣;如受吾幣而借吾道,則是吾取之中府而藏之外府,取之中廄而置之外廄也』」)。言「七日得者七年之日也」者,干寶既以周史說《易》,故不得不以七日為七年而附會之也。所引書曰「誕保文武受命惟七年」,為《尚書・洛誥》文(洛誥:「惟周公誕保文武受命惟七年」)。

艮下
巽上 **漸**

上九,鴻漸于陸,其羽可用為儀,吉。

象曰:其羽可用為儀,吉;不可亂也。

《注》:處漸高位,斷漸之進。順艮之言;謹巽之全。履坎之通;據離之耀。婦德既終;母教又明。有德而可受;有儀而可象。故曰:其羽可以為儀,不可亂也。(集解引,四家皆輯之。)

案:上九至漸之極,故云「處漸高位斷之進」。《漸》卦艮下巽上;《說卦》「成言乎艮」,故曰「順艮之言」;巽至上始全,故曰「謹巽之全」;蓋由上下卦立說也。漸二三四爻互坎,說卦「坎為通」,上九履坎之上,故曰「履坎之通」;三四五互離,《說卦》「離為火為日」「離也者明也」,上九據離之上,故曰「據離之耀」:蓋由互體立說也(干寶互體例已見益六三條)。《說卦》「巽為長女」,漸上體巽,故九三曰「婦孕不育」,九五曰「婦三歲不孕」,干寶推之上九以為「婦德既終」。下據於離,故曰「母教又明」。能「順艮之言謹巽之全」,故「有德而可受」;能

「履坎之通據離之耀」，故「有儀而可象」。皆由爻象推得。

兌下
震上　**歸妹**

彖曰：歸妹，人之終始也。

《注》：歸妹者，衰落之女也。父既沒矣，兄主其禮，子續父業，人道所以相終始也。

案：歸妹卦兌下震上，《說卦》：「兌爲少女，震爲長男。」故干寶以爲兄嫁其妹之象。考《集解》引虞翻曰：「歸，嫁也；兌爲妹。」又曰：「震嫁兄，所歸必妹也。」是干寶注義與虞翻同；然虞翻又以卦變、互體說之（集解又引虞翻云：「泰三之四」，蓋歸妹爲三陰三陽之卦，自泰來也。又云：「坎月離日」，蓋以歸妹二三四爻互坎，三四五爻互離也），則干寶所不敢。王弼《注》亦依卦體據《說卦》而釋之（周易注：「妹者，少女之稱也，兌爲少陰，震爲長陽。少陰而乘長陽，說以動，嫁妹之象也」），然以兌與震交（周易注：「陰陽既合，長少又交，天地之大義，人倫之終始。」又云：「少女而與長男交，少女所不樂也；而今說以動，所嫁必妹也。雖與長男交，嫁而係娣，是以說也」），干寶《注》則以震嫁其妹，與之異也。考《易緯・乾鑿度》云：「帝乙之嫁妹，順天地之道以立嫁娶之義；義立則妃匹正；妃匹正則王化全。」又云：「湯之嫁妹，能順天地之道，立教戒之義也。」又云：「此帝乙即湯也。」是《易緯》以爲《歸妹》者，湯（帝乙）嫁其妹也。唯《史記・殷本紀》以「帝乙」爲「帝辛」（即紂王）之父，非爲湯。殷虛卜辭「且乙」之後，恆爲「且辛」，則《史記》所載是也。近人顧某於〈周易卦爻辭中的故事〉一文中有「帝乙歸妹的故事」一節，以歸妹爲商代嫁女之稱，舉卜辭「乙未帚妹」「貞妹其至」爲證；又以帝乙（紂父）嘗歸妹於文王，舉《詩・大明》篇：「大邦有子，倪天之妹；文定厥祥，親迎于渭。」爲證。然則干寶謂震嫁其妹，其義實較王弼震與兌婚之說爲妥。

象曰：澤上有雷，歸妹，君子以永終知敝。

《注》：雷薄于澤，八月九月將藏之時也。君子象之，故不敢恃當今之虞，而慮將來之禍也。（集解引，四家皆輯之。）

案：歸妹卦兌下震上，《說卦》：「震爲雷，兌爲澤。」故《象》曰：「澤上有雷。」干注云：「雷薄于澤。」《新唐書》曆志所載以六十卦配本十二侯圖，中有：

秋分 八月中 兌初九	雷乃收聲 公賁	蟄蟲培戶 辟觀	水始固 侯歸妹內
寒露 九月節 兌九二	鴻雁來賓 侯歸妹外	雀入大水爲蛤 大夫无妄	菊有黃花 卿明夷

是歸妹內卦侯八月，外卦侯九月，故干寶以爲「八月九月將藏之時也。」言「君子象之，故不敢恃當今之虞，而慮將來之禍也」者，蓋釋《象傳》「君子以永終知敝」之義。

離下
震上　**豐。亨，王假之，勿憂，宜日中。**

《注》：豐，坎宮陰，世在五，以其宜中而憂其昃也。坎爲夜，離爲晝，以離變坎，至于天位，日之中象也。殷，水德，坎象盡敗（盡敗原作晝夜，盡晝形似，又涉上文離爲晝而誤。易義別錄依姚士粦本正之），而離居之，周伐殷居王位之象也。聖人德大而心小，既居天位，而戒懼不怠。勿憂者，勸勉之言也。猶詩曰：『上帝臨女，无貳爾心。』言周德當天人之心，宜居王位，故宜日中。（集解引，四家皆輯之。）

案：謂「豐坎宮陰世在五」者，世應之例也（坎宮卦 ䷜ 初至五爻皆變，詳見屯象傳條）一世一爻變，二世二爻變，三世三爻變，四世四爻變，五世五爻變，極矣，猶日至中天矣；行將四爻復（游魂也），一二三爻亦復（歸魂也）矣，猶日中則昃矣。故干寶云「以其宜中而憂其昃也」。《象傳》云：「勿憂宜日中，宜照天下也，日中則昃。」干寶注言象爲《象傳》所無而說義與之合。《說卦》：「坎爲月，離爲日。」故虞翻注《繫辭傳》上「縣象著明莫大乎日月」曰：「晦夕朔旦坎象流戊，日中則離離象就己。」干寶云：「坎爲夜，離爲晝。」蓋亦據《說卦》也。又《說卦》：「坎爲水。」《孔子家語》：「殷人用水德王。」干寶以爲以離變坎，猶以周克殷，故下文全以周史說之。然依五德相生之說，殷水周木。以坎水爲殷，可；以離火爲周，不可也。所引《詩》，爲《大雅·大明》文。

九三，豐其芾。（芾弼本作沛。宋本釋文：「沛，本或作旆，謂幡幔也。又普貝反。姚云：滂沛也。王廙豐蓋反，又補賴反。徐普蓋反。子夏作芾，傳云小也，

鄭干作市，云祭祀之蔽膝。」考「鄭干作市」之市，通志堂本作韍，南昌府學本
作韍。阮元校勘記云：「補盧本韍作市。云：舊本鄭干作市之市作韍字，乃後人所
臆改。不知訓小之市及蔽市之市，鄭干作市乃朱市之市，二字義本不同。今從宋
本正，錢本同。」萱案：晁氏易引陸氏（德明）曰：「鄭干作市。」宋本是也。馬
國翰作「韍」，孫張黃輯作「市」。）

《注》：市，祭祀之蔽膝。（釋文引，四家皆輯之。）

案：字作市，與《子夏傳》、鄭玄並同；虞翻、王弼皆作「沛」。釋爲「祭祀之蔽
　　膝」，則義同鄭玄。

上六，豐其屋，蔀其家，闚其戶，闃其无人三歲不覿，凶。

象曰：豐其屋，天際祥也；闚其戶，闃其无人，自戕也。（祥，弼本作
翔；戕，弼本作藏。釋文：「翔，鄭王肅作祥。藏，如字。眾家作戕，慈羊反。馬
王肅云殘也，鄭云傷也。」考干寶注：「天示其祥。」是翔字干寶從馬王肅作祥。
干寶注又云：「王者之亡其家。」蓋釋「自戕」，是藏字干寶作戕訓亡。四家皆未
輯。）

《注》：在豐之家，居乾之位，乾爲屋字，故曰：豐其屋；此蓋託紂之
侈造爲璿室玉臺也。蔀其家者，以託紂多傾國之女也。社稷既亡，宮
室虛曠，故曰：闚其戶，闃其无人，闃，无人貌也。三者，天地人之
數也。凡國於天地有興亡焉，故王者之亡其家也，必天示其祥，地出
其妖，人反其常，非斯三者，亦弗之亡也。故曰：三歲不覿，凶。然
則璿室之成，三年而後亡國矣。（集解引，四家皆輯之。）

案：「天際翔」干作「天際祥」，「自藏」干作「自戕」，從馬融王肅也（並見《釋
　　文》，已詳上引）。言「在豐之家，居乾之位，乾爲屋宇，故曰：豐其屋。」
　　者，由爻象釋爻辭也（張惠言易義別錄：「震上庚戌，戌爲乾位。李道平纂疏
　　云：「六居豐上，故在豐之家，震上六庚戌，戌爲乾位，故居乾之位。」乾爲
　　屋字疑是逸象）。自「此蓋紂之侈造」以下，則援史證《易》之例（顧頡剛周
　　易卦爻辭中的故事云：「又有許多爻辭似乎在稱說故事的。」並舉豐九四「豐
　　其蔀，日中見斗，遇其夷主，吉。」等十二條爲例。豐上六爻辭似亦在稱說
　　故事，唯不得確定爲紂事耳）。觀干寶之意，蓋以紂侈造璿室玉臺，多傾國之
　　女，終至亡國。爻辭雖不必即指紂事；易理則誠如是。故古籍舉例或異，說
　　義多同（左傳宣六年：「鄭公子曼滿與王子伯廖語，欲爲卿，伯廖告人曰：『無

德而貪，其在周易豐☷☳之離☲☲，弗過之矣。』間一歲，鄭人殺之。」杜預注：
「豐上六曰：『豐其屋，蔀其家，闚其戶，闃其無人，三歲不覿，凶。』義取
無德而大其屋，不過歲，必滅亡。」淮南子泰族：「故守不待渠壍而固，攻不
待衝隆而拔，得賢之與失賢也。易曰：『豐其屋，蔀其宇，窺其戶，闃其無人。』
無人者，非無眾庶也；言無聖人以統理之也。」魏志楊阜傳：「阜上疏曰：『自
暇自逸，惟宮臺是侈是飾，必有顛覆危亡之禍。易曰：『豐其屋，蔀其家，闚
其戶，闃其無人。』王者以天下為家，言豐屋之禍至於家無人也。」，是先儒
多以無德而大其屋必亡釋此爻）。吳興陳立夫先生嘗以：「人性等於食色加仁
義之和。食者，以維持生命；色者，以延續生命；仁義，以光大生命。食色
之值大則仁義之值小；食色之值小則仁義之值大。二者固互為消長也。」（見
人理學講義第五講），即此義也。

☲
☶ 艮下
離上 **旅**

六五，射雉一矢亡，終以譽命。

象曰：終以譽命，上逮也。

《注》：離為雉為矢，巽為木為進退，艮為手，兌為決。有木在手，進
退其體，矢決于外，射之象也。一陰升乾，故曰一矢。履非其位，下
又无應，雖復射雉，終亦失之，故曰一矢亡也。一矢亡者，喻有損而
小也。此託祿父為王者後，雖小叛擾，終逮安周室，故曰：終以譽命
矣。（集解引，四家皆輯之。）

案：旅體離艮（艮下離上），而互巽兌（二三四爻互巽；三四五爻互兌）。《說卦》：
「離為兵戈」「離為雉」；馬融、王肅：「離為矢」（見晉矢得勿恤《釋文》引，
詳見王肅章）；故干寶以「離為雉為矢」也。干寶又以「巽為木為進退」「艮
為手」，並據《說卦》。《說卦》：「兌為附決」，故干寶云「兌為決」也。由此
推之，故得「有木在手，進退其體，矢決于外，射之象也」之象。云「一陰
升乾」者，謂離六五一陰入乾中，蓋據《說卦》乾坤六子之說而云然（說卦：
乾稱乎父，坤稱乎母；震謂之長男，巽謂之長女；坎謂之中男，離謂之中女；
艮謂之少男，兌謂之少女。此乾坤六子說之大略也。離本乾，再索而得女，
故謂之中女。蓋陰入乾之中爻也）。干寶以此釋「一矢」之義。言「履非其位，
下又无應」者，位應之例（位應說屢見上文。五為陽位，六陰居之，故曰履

非其位。二五皆陰，是下又无應）。干寶以此釋「一矢亡」之義。推之人事，託以周史，故下文言「喻有損而小也；此託祿父爲王者後，雖小叛擾，終逮安周室。」以爲爻辭「終以譽命」義如此也。

☷ 兌下
坎上　節

上六，苦了，貞凶，悔亡。

《注》：《象》傳苦節不可貞在此爻也。禀險伏之教，懷貪狠之志；以苦節之性，而遇甘節之主，必受其誅；華士少正卯之爻也；故曰貞凶。苦節既凶，甘節志得；故曰悔亡。

案：節卦辭：「亨，苦節不可貞。」《彖傳》：「苦窮不可貞，其道窮也。」上六爻辭：「苦節貞凶悔亡。」《象傳》：「苦節貞凶，其道窮也。」所言多同，故干寶以爲「《象》稱苦節不可貞在此爻」，虞翻嘗先發此義（節象集解引虞翻曰：「位極於上，乘陽故窮也。」已以「上」釋「象」）。言「禀險伏之性」者，據《象傳》：「習坎，重險也。」及《說卦》：「坎爲隱伏。」而云然。言「懷貪狠之志」者，納甲應情之例也（坎上戊子，子主北方。翼奉傳：「北方之情好也，好行貪狠。」故懷貪狠之志。詳見蒙初六條）。言「以苦節之性而遇甘節之主」者，謂上六苦節之性遇九五甘節之主也（九五：「甘節吉，往有尚。」象曰：「甘節之吉，居位中也」）。苦甘既異，故「必受其誅」；證以史事，干寶以爲則華士（華士事見荀子宥坐篇，而詳於韓非子外儲說右上：「太公望東封於齊，齊東海上有居士曰狂矞、華士，昆弟二人者，立議曰：『吾不臣天子，不友諸侯，耕作而食之，掘井而飲之，吾無求於人也。無上之名，無君之祿，不事仕而事力。』太公望至於營丘，使吏執殺之，以爲首誅。」淮南子人間篇及高誘注，論衡非韓篇孔子家語始誅篇，嘗評論其事）、少正卯（少正卯事見荀子宥坐篇：「孔子爲魯攝相，朝七日而誅少正卯。門人進問曰：『夫少正卯魯之聞人也。夫子爲政而始誅之，得無失乎。』孔子曰：『居，吾語女其故。人有惡者五，而盜竊不與焉。一曰心達而險，二曰行辟而堅，三曰言僞而辯，四曰記醜而博，五曰順非而澤。此五者，有一於人則不免於君子之誅，而少正卯兼有之，故居處足以聚徒成群，言談足以飾邪營眾，強足以反是獨立，此小人之桀雄也，不可不誅也。是以湯誅尹諧，文王誅潘止，周公誅管叔、太公誅華仕，管仲誅里乙，子產誅鄧析史付。此七子者，皆異世同心，不可不誅也。』尹文子，呂氏春秋，說苑、家語、史記皆載其事。然王若盧淮南

遺老集、閻若璩四書釋地又續少正卯條，崔述洙泗考信錄、梁玉繩史記志疑、錢穆先生先秦諸子繫年考辨卷一孔子行攝相誅魯大夫亂政者少正卯辨，極辨其無」）之爻，並以之釋「貞凶悔亡」之義焉。考《誠齋易傳》以「過於節」釋「苦節」，又以伯夷事當之，似較少正卯事爲善。李道平《纂疏》云：「蓋仗節死義之臣，所守甚正，所遇則凶；然義實无咎。如比干諫而死之類是也。」所言甚是。少正卯非苦節者，干寶引喻失義矣。

☱ 兌下
巽上　中孚

九二，鳴鶴在陰，其子和之；我有好爵，吾與爾靡之。（釋文：「靡，本又作縻，同。亡池反，散也。干同。徐又武寄反，又亡彼反。韓詩云：共也。孟同。埤蒼作𡝡，云散也。陸作攠，京作劘。」馬國翰未輯，孫堂、黃奭輯字作縻，張惠言輯之作靡）。

《注》：靡，亡池反，散也。（釋文引，已見上引。馬未輯，孫張黃輯。）

案：干字作靡，音亡池反，訓散也，皆同王弼（周易注：「我有好爵，與物散之。」是弼於靡字訓散）。與京房字作劘，陸績字作攠，韓嬰、孟喜訓「共」者並異。

☲ 離下
坎上　既濟

六二，婦喪其茀。

《注》：茀，馬髴也。（釋文：「茀，方拂反，首飾也。馬同。干云馬髴也。鄭云車蔽也。子夏作髴，荀作紱，董作髢。」馬國翰未輯，他三家皆輯之。）

案：字作「茀」（張惠言所輯如此），同馬融、鄭玄、王弼。訓「馬髴」則似以「茀」爲「髴」之假借（孫堂黃奭輯逕作髴字），又與《子夏易傳》作「髴」者近。其實字當作「髢」，即今所謂「假髮」也。詳董遇章。

九三，高宗伐鬼方，三年克之，小人勿用。

《注》：高宗，殷中興之君；鬼方，北方國也。高宗嘗伐鬼方，三年而後克之。離爲戈兵，故稱伐；坎當北方，故稱鬼；在既濟之家，而述先代之功，以明周因于殷，有所弗革也。（集解引，四家皆輯之。）

案：高宗中興殷，事見《史記・殷本紀》及《禮記・喪服・四制》（殷本紀：「帝

武丁即位，思復興殷，而未得其位，三年不言，政事決定於冢宰，以觀國風。武丁夜夢得聖人，名曰說……舉以爲相，殷國大治。」喪服四制：「高宗者，武丁；武丁者，殷之賢王也。繼世即位，而慈良於喪，當此之時，殷衰而復興，禮廢而復起。故善之。善之，故載之書中而高之，故謂之高宗。」屈翼鵬先生尚書釋義高宗肜日篇注云：「武丁之稱高宗，疑至早亦不前於殷代末葉」）。鬼方爲赤狄之別種，《左傳》僖二十三所載之「叔隗季隗」，僖二十四所載之「狄后隗氏」，皆鬼方人之著名者（詳見王國維〈鬼方昆吾玁狁考〉）殷時嘗爲禍，卜辭屢言之（《殷虛文字甲編》三三四三有「鬼方易，亡禍？」《殷虛文字乙編》三四〇七有「隹鬼敓」，六六八四有「鬼方禍」。《殷曆譜》旬譜六附圖有「屮鬼方受」，《無想山房舊藏甲骨文字》二二一有「鬼不禍」）。殷高宗武丁之伐鬼方，其事略見《後漢書・西羌傳》（西羌傳云：「及殷室中衰，諸夷皆叛，至于武丁，征西戎鬼方，三年乃克之。故其詩曰：『自彼氐羌，莫敢不來王』」）。《既濟》卦離下坎上，《說卦》「離爲戈兵」，干寶以爲「伐」義取此。《說卦》「坎者水也正北方之卦也」，北方陰象，干寶以爲「鬼」義取此。其實殷都豫北安陽，鬼方當今陝西南部（據陳夢家《卜辭綜述》第八章方國地理），在殷之西方，非北方也。干寶又以爲既濟者周也；而高宗爲殷主，故云：「在既濟之家，而述先代之功，以明周因于殷，有所弗革也。」

坎下
離上　　**未濟。亨。小狐汔濟，濡其尾，无攸利。**

《注》：坎爲狐。《說文》曰：汔，涸也。案：剛柔失正，故未濟也。五居中應剛，故亨也。小狐力弱，汔乃可濟；水既未涸，而乃濟之，故尾濡而无所利也。（集解引。「案」上未空一格，且義海撮要引「剛柔失正」以下而標以「干」，則「案」字以下亦是干寶注文。四家皆輯之。）

案：「坎爲狐」，《荀爽九家集解》本所載八卦逸象（見《釋文》）；段玉裁《注》本《說文》：「汔，水涸也。」干寶引《說文》者，是從許慎說也。言「剛柔失正」，爻位例（初三五陽位而皆陰；二四上陰位而皆陽，是剛柔失正）。言「五居中應剛」，應例（二五陰陽異而有應也）。蓋以釋「未濟」「亨」之義。所說與《象傳》合（象曰：「未濟亨，柔得中也」），荀爽、王弼皆倡此義（集解引荀爽曰：「柔上居五，與陽合同，故亨也。」王弼周易注：「以柔處中，不違剛也，能納剛健，故得亨也」）。「小狐力弱」以下，就字義釋經，不贅。

象曰：小狐汔濟，未出中也。

《注》：狐，野獸之妖者，以喻祿父。中謂二也。困而猶處中故也。此以託紂雖亡國，祿父猶得封矣。（集解引，四家皆輯之。）

案：謂「狐，野獸之妖者。」義本《說文》（《說文》：「狐，妖獸也，鬼所乘之。有三德：其色中和，小前大後，死則立首：謂之三德。從犬，瓜聲」）。言「中謂二」，《易》之常例（例多不贅舉）。「喻祿父」云云，援史說《易》也。

濡其尾，无攸利，不續終也。

《注》：言祿父不能敬奉天命，以續既終之禮，謂叛而被誅也。（集解引，四家並輯之。）

案：此亦援史入《易》也。

雖不當位，剛柔應也。

《注》：六爻皆相應，故微子更得為客也。（集解引，四家皆輯之。）

案：未濟初三五皆陰，二四上皆陽，初四、二五、三上，皆陰陽互異而相應，故云「六爻皆相應」，此言應之例也。託之「微子」，則援史入《易》矣。

九二，曳其輪，貞吉。

《注》：坎為輪，離為牛，牛曳輪上，以承五命，猶東蕃之諸侯，共攻三監，以康周道，故曰貞吉也。（集解引，四家皆輯之。）

案：《說卦》：「坎為弓輪。」《離》卦辭：「畜牝牛吉。」故干寶以為「坎為輪，離為牛」也。二五相應，故云上承五命。以下「猶東蕃之諸侯」云云，援史說《易》也。

六三，未濟，征凶，利涉大川。

象曰：未濟征凶，位不當也。

《注》：吉凶者，言乎其失得也。祿父反叛；管蔡興亂。兵連三年；誅及骨肉。故曰：未濟征凶。平克四國，以濟大難。故曰利涉大川，坎也。以六居三，不當其位，猶周公以臣而君，故流言作矣。（集解引，四家皆輯之。）

案：「吉凶者，言乎其失得也。」，本於《繫辭傳上》（上繫：「吉凶者，失得之象也。」又：「吉凶者，言乎其失得也」）。言「故曰利涉大川，坎也。」者，《坎》

卦辭：「水流而不盈。」故有「大川」之象。言「以六居三，不當其位。」者，爻位之例（六陰爻居三陽位，故曰不當位）。託之祿父、管、蔡、周公者，援史說《易》也。

六五，貞吉无悔，君子之光，有孚吉。

《注》：以六居五，周公攝政之象也。故曰貞吉无悔。制禮作樂，復子明辟，天下乃明其道，乃信其誠，故君子之光，有孚吉矣。（集解引，四家皆輯之。）

案：以六居五，陰爻居陽，位不當也。干寶以爲周公象之。故下文即以周公制禮作樂，復子明辟釋之。

繫辭傳上

悔吝者，憂虞之象也。

《注》：悔亡則虞，有小吝則憂。憂虞未至于失得，悔吝不入于吉凶，事有小大，故辭有緩急，各象其意也。（集解引，馬國翰未輯，孫堂、張惠言、黃奭皆輯之。）

案：「悔吝」之於「憂虞」，荀爽、王弼皆籠統言之，不加分析（集解引荀爽曰：「憂虞小疵，故悔吝也。」王弼周易注：「失得之微者，足以致憂虞而已，故曰悔吝」）。虞翻則曰：「悔則象憂，吝則象虞。」（集解引）。干寶云：「悔亡則虞，有小吝則憂。」與虞翻相反。又《繫辭傳》上文云：「吉凶者，失得之象也。」繼即云：「悔吝者，憂虞之象也。」干寶比較「憂虞」「失得」，「悔吝」「吉凶」諸辭，以爲「事有小大」，故「辭有緩急」，所言尚是。

憂悔吝者存乎介。

《注》：介，纖介也。（釋文：「介音界，注同，王肅、干、韓云：纖介也。」）

案：干注「憂悔吝者存乎介」之介爲纖介，從王肅也。且與上文「悔吝者言乎其小疵也」義密合。已詳王肅章，不贅。

故神无方而易无體。

《注》：否泰盈虛者，神也；變而周流者，易也。言神之鼓萬物無常方，易之應變化無定體也。（集解引，四家皆輯之。）

案：干寶此注，至堪玩味。所謂「神」者，殆宇宙最高原理之謂；「否泰盈虛」者，

此宇宙最高原理呈現於現象界之一切變化也。「易」者，殆對此宇宙最高原理之擬議；「變而周流」者，依此宇宙最高原理之擬議而欲對現象界一切變化作個別之圓通之推測、描述與解釋也。宇宙最高原理之創造萬物也，其所呈現之面目既無常；故「易」對此宇宙最高原理呈現於現象界之各種面目，所作推測，描述與解釋亦無一定矣。張惠言《易義別錄》以「卦侯」說「否泰盈虛」；以「八宮六世」說「變而周流」（其言曰：「否泰盈虛似說卦侯也。卦侯有方而不拘常方，故或見子爲坎北方；或見子爲乾西北；或見子爲震東方也。變而周流，似說八宮六世也，世有卦體而不拘定體，故見初九爲震爻，見九二爲坎爻也」）：恐非是。韓康伯《繫辭注》：「方體者皆係乎形器者也；神則陰陽不測，易則唯變所適，不可以一方一體明。」大旨與干寶相近。

慎斯術也以往。

《注》：慎，時震反。（釋文：「慎，時震反，鄭干同。」本作順，師用義。鄭云：術道）。

案：干寶蓋從鄭玄；韓康伯同。

大衍之數五十，其用四十有九。

《注》：衍，合也。（集解引，釋文同，四家皆輯之。）

案：大衍之衍，鄭玄、王弼皆訓演（已詳董遇章）；王廙、蜀才皆訓廣（另詳王廙章）。干寶訓合，謂合天地之數也。李鼎祚引而從之（集解案語云：「此章云：『天數五，地數五，五位相得，而各有合。天數二十有五，地數三十，凡天地之數五十有五。此所以成變化而行鬼神。』是結大衍之前義也。既云五位相得而有合，即將五合之數配屬五行也。故云大衍之數五十也」）。

古之聰明睿知，神武而不殺者夫。

《注》：殺，所戒反。（釋文：「不殺，馬、鄭、王肅、干：所戒反。師同。徐所例反，陸韓如字。」）

案：從馬融、鄭玄、王肅也。已詳王肅章。

是故《易》有太極，是生兩儀。

《注》：發初言「是故」，總眾篇之義也。（集解引，馬國翰未輯，張孫黃輯之。）

案:《繫辭傳上》,虞翻分十一章;「是故《易》有太極」句爲第十章首句;周弘正
　　分十二章,此句爲第十一章首句;馬融、荀爽、姚信等分十三章,此句爲第
　　十二章首名。干寶云「發初言是故」,則此句爲一章之首句;云「總衆篇之義
　　也」,則此章爲《下繫》之末章。然則干寶於《下繫》之分章,既不同虞翻,
　　亦不從馬融,後世周弘正又與相異。其詳則不可考矣。

繫辭傳下

重門擊柝,以待暴客,蓋取諸豫。(暴字,鄭玄作虣,見釋文。)

《注》:卒暴之客爲奸寇也。(集解引,四家皆輯之。)

案:此純釋詞義。

是故易者象也。

《注》:言「是故」,又總結上義也(集解引,四家皆輯之。)

案:《正義》引周弘正、莊氏(名不詳)下繫分九章之說,此句爲第三章首句;朱
　　子《本義》分十二章,此句亦爲第三章首句。

精義,入神以致用也。

《注》:能精義理之微,以得未然之事,是以涉于神道而逆禍福也。(集
解引,四家皆輯之。)

案:姚信注云:「陽稱精,陰爲義,入在初也。陰陽在初,深不可測,故謂之神;
　　變爲姤復,故曰致用也。」蓋以卦變附會之。干寶之注,則棄卦變之說,唯
　　釋其義;然增字爲訓,尚未淳然。及後韓康伯《注》出,曰:「精義,物理之
　　微者也。神寂然不動,感而遂通,故能乘天下之微會而通其用也。」於是奧
　　義盡明矣。

君子知微、知章、知柔、知剛,萬夫之望。

《注》:言君子苟達于此,則萬夫之望矣。周公聞齊魯之政,知後世彊
弱之勢;辛有見被髮而祭,則知爲戎狄之居。凡若此類,可謂知幾也。
皆稱君子,則以得幾不必聖者也。(集解引,四家皆輯之。)

案:此舉史事以證《繫辭傳》之言也。周公事見《呂氏春秋·長見篇》(其言云:
　　「太公望封於齊;周公旦封於魯。二君者甚相善也。相謂曰:『何以治國?』
　　太公望曰:『尊賢上功。』周公曰:『親親上恩。』太公曰:『魯自此削矣。』

周公曰：『魯雖削，有齊者亦必非呂氏也』），又見《淮南子‧齊俗篇》（其言
云：「昔太公望周公旦受封而相見。太公問周公曰：『何以治魯？』周公曰：『尊
尊親親』太公曰：『魯從此弱矣』周公問太公曰：『何以治齊？』太公曰：『舉
賢而上功』周公曰：『後世必有劫殺之君』」）；而《史記‧魯周公世家》所言
微異焉（其言曰：「魯公伯禽之初受封之魯，三年而後報政周公。周公曰：『何
遲也？』伯禽曰：『變其俗，革其禮，喪三年然後除之，故遲。』太公亦封於
齊，五月而報政周公。周公曰：『何疾也？』曰：『吾簡其君臣禮，從其俗為
也。』及後聞伯禽報政遲，乃曰：『嗚呼，魯後世其北面事齊矣。夫政不簡不
易，民不有近；平易近民，民必歸之』」）。辛有事見《左傳》僖公二十二年（其
文曰：「初，平王之東遷也，辛有適伊川，見被髮而祭於野者，曰：『不及百
年，此其戎乎？其禮先亡矣。』秋，秦晉遷陸渾之戎于伊川」）。

男女構精，萬物化生。

《注》：男女猶陰陽也，故萬物化生。不言陰陽，而言男女者，以指釋
損卦六三之辭，主于人事也。（集解引，四家皆輯之。）

案：干寶云「男女猶陰陽也」，主本鄭玄（詩草蟲正義引鄭玄易注云：「覯，合也，
男女以陰陽合其精氣」）。瑞安林師景伊先生曰：「易道之原，則實由于陰陽相
二之理。」又著〈易道初生原于陰陽夫婦之事說〉（並見中國學術思想大綱中）
以明之。馮友蘭《中國哲學史》亦云：「講《周易》者之宇宙論，係以個人生
命之來源為根據，而類推及其他事物之來源。《易‧繫辭》云：『天地絪縕，
萬物化醇；男女構精，萬物化生。』男女交合而生人，故類推而以為宇宙間
亦有二原理。其男性的原理為陽，其卦為乾；其女性的原理為陰，其卦為坤。
而天地乃其具體的代表。」干寶云「男女猶陰陽也」，其義甚是。云「不言陰
陽而言男女者，以指釋損卦六三之辭，主于人事也。」者，蓋以《繫辭傳》
於「男女構精，萬物化生」下，接以「《易》曰：三人行則損一人；一人行則
得其友，言致一也」，為損卦六三爻辭也。考虞翻注損卦六三爻辭云：「泰乾
三爻為三人，震為行，故三人行；損初之上，故則損一人。一人謂泰初之上，
損剛益柔，故一人行；兌為友，初之上，據坤應兌，故則得其友，言致一也。」
是以卦變說之。王弼彼注則云：「天地相應，乃得化醇；男女匹配，乃得化生。
陰陽不對，生可得乎？故六三獨行，乃得其友；三陰俱行，則必疑矣。」則
以男女間事說之。干寶云「損卦六三之辭主于人事」，則據《繫辭傳》而以王
弼為是也。

辯物正言斷辭，則備矣。

《注》：辯物，辯物類也；正言，言正義也；斷辭，斷吉凶也。如此，則備於經矣。（集解引，四家皆輯之。）

案：此純釋字義者也。

謙，德之柄也。

《注》：柄所以持物；謙所以持禮者也。（集解引，四家皆輯之。）

案：蓋明《繫辭傳》之喻意也。試與《集解》所引虞翻注所云：「坤爲柄；柄，本也。凡言德皆陽爻也。」相較，則義理《易》與象數《易》之別明矣。

无有師保，如臨父母。

《注》：言易道以戒懼為本，所謂懼以終始，歸无咎也。外為丈夫之從王事，則夕惕若厲；內為婦人之居室，則无攸遂也。雖无師保切磋之訓，其心敬戒，常如父母之臨己者也。（集解引，四家皆輯之。）

案：此以經解經，明其義理也。「懼以終始，其要无咎。」爲《繫辭傳》下文：「夕惕若厲」（其實「夕惕若」爲一句，「厲」連下文「无咎」爲一句也），《乾》九三爻辭；「无攸遂」，《家人》六二爻辭。於是得「易道以戒懼爲本」之大義。韓康伯注云：「安而不忘危，存而不忘亡，終日乾乾，不可以怠也。」與干寶注義相近。

《易》之為書也，原始要終，以為質也。

《注》：重發《易》者，別殊旨也。（集解引，四家皆輯之。）

案：明其行文之法，與《易》旨無涉。

六爻相雜，唯其時物也。

《注》：一卦六爻，則皆雜有八卦之氣。若初九為震爻；九二為坎爻也。或若見辰戌言艮；巳亥言兌也。或若以甲壬名乾；以乙癸名坤也。或若以午位名離；以子位名坎。或若德來為好物；刑來為惡物。王相為興；休廢為衰。（集解引，四家皆輯之。）

案：言「一卦六爻，則皆雜有八卦之氣。若初九爲震爻；九二爲坎爻也。」者，爻體之例。其說附會於《說卦》（說卦：「震一索而得男」，故初九、九四爲震爻；「坎再索而得男」，故九二、九五爲坎爻；「艮三索而得男」，故九三、上九爲艮

爻。「巽一索而得女」，故初六、六四爲巽爻；「離再索而得女」，故六二，六五爲離爻；「兌三索而得女」，故六三、上六爲兌爻），鄭玄且用之說《易》（如禮記檀弓正義引鄭玄注賁六四曰：「六四，巽爻也。」周易集解引鄭玄注頤卦辭曰：「二五離爻皆得中。」詩宛丘正義引鄭玄注離九三：「艮爻也。」周禮秋官掌戮疏引鄭玄注離九四：「震爲長子。」周禮冬官旅人疏引鄭玄注損象傳：「四巽爻也。」周易集解引鄭玄注萃卦辭：「四本震爻，五本坎爻，二本離爻。」文選左太冲吳都賦注引鄭玄注井九二：「九二坎爻也。九三艮爻也。」詩小雅正義引鄭注中孚卦辭云：「二五皆坎爻。」周禮天官宮正疏引鄭玄注下繫「重門擊柝」云：「巽爻也，應在四；五，離爻。」皆以爻體説易象）。言「或若見辰戌言艮；巳亥言兌也」者，納支之例（乾主甲子壬午，坤主乙未癸丑、震主庚子庚午，巽主辛丑辛未，坎主戊寅戊申，離主己卯己酉，艮主丙辰丙戌，兌主丁巳丁亥。已詳乾初九條所附八卦六位圖）。言「或若以甲壬名乾；以乙癸名坤也」者，納甲之例（乾納甲壬，坤納乙癸，震納庚，巽納辛，艮納丙，兌納丁，坎納戊，離納己。詳乾初九條）。言「或若以午位名離，以子位名坎」者，據《說卦》八月卦方位（震東兌西，離南坎北，乾坤巽艮，位於四。）而以地支配之，乃京房之說（京氏易傳卷下：「龍德十一月，在子，在坎卦，左行；虎刑五月，午，在離卦，右行。」請參閱坤上六條所附八卦十二位圖）。言「或若德來爲好物；刑來爲惡物」者，蓋亦京房「龍德」「虎刑」之說（已見上句引），或以爲乃五行生克，亦通（張惠言易義別錄：「受生爲德，克害爲刑。」李道平本之，纂疏云：「或若受生爲德爲好，故德來爲好物；克害爲刑爲惡，故刑來爲惡物。」京房以五行生克説易，已詳比六三）。言「王相爲興，休廢爲衰」者，八卦休王之說（休王之義，古或合言之，或分言之。合言之者，並稱五行休王，若太平御覽卷二十五及二十七所引五行休王論是也。分言之者，凡有三：一曰五行休王，二曰干支休王，三曰八卦休王。若隋蕭吉五行大義所載是也。令升所言，乃八卦休王。五行大義卷二論八卦休王曰：「八卦休王者：立春：艮王震相巽胎離沒坤死兌囚乾廢坎休；春分：震王巽相離胎坤沒兌死乾囚坎廢艮休；立夏：巽王離相坤胎兌沒乾死坎囚艮廢震休；夏至：離王坤相兌胎乾沒坎死艮囚震廢巽休；立秋：坤王兌相乾胎坎沒艮死震囚巽廢離休；秋分：兌王乾相坎胎艮沒震死巽囚離廢坤休；立冬：乾王坎相艮胎震沒巽死離囚坤廢兌休；冬至：坎王艮相震胎巽沒離死坤囚兌廢乾休。其卦從八節之氣，各四十五日」）其說出於京房（京氏易傳卷下：「六十四卦，遇王則吉，廢則凶。」又御覽卷二十三引京房易占曰：「夏至離王，景風用事，人君當爵有德，封有功。」卷二十五引京房易占曰：「立

秋坤王，主涼風用事。」卷二十六引京房易曰：「冬至坎王，廣莫風用事：人君
決大刑，斷獄訟，繕宮殿。」卷二十八引京房易占曰：立冬，乾王，不周風用
事：人君當興邊兵，治城郭，行刑決罪」）。

其初難知，其上易知，本末也。初辭擬之，卒成之終。

《注》：初擬議之，故難知；卒終成之，故易知。本末勢然也。（集解引，
四家皆輯之。）

案：此釋《繫辭傳》之義理。後韓康伯注云：「夫事始於微而後至於著。初者數之
　　始；擬議其端，故難知也。上者卦之終；事皆成著，故易知也。」意與干寶
　　同。

爻有等，故曰物。

《注》：等，群也。爻中之義，群物交集，五星四氣六親九族福德刑殺，
眾刑萬類，皆來發於爻。故總謂之物也。象頤中有物曰噬嗑，是其義
也。（集解引，四家皆輯之。）

案：「等，群也」義與弼「等，類也。」近。《易》以六十四卦三百八十四爻該宇
　　宙人生萬物萬事，故眾形萬類皆來發於爻。「五星」者：土星鎮星，金星太白，
　　水星太陰，木星歲星，火星熒惑也。京房用之配卦爻。其法依乾、震、坎、
　　艮、坤、巽、離、兌八宮卦之世應游歸（已詳屯象條），分別配以土、金、水、
　　木、火五星。茲由《京氏易傳》每卦下摘出「五星從位志某某」，表之於下：

乾 鎮星	姤 太白	遯 太陰	否 歲星	觀 熒惑	剝 鎮星	晉 太白	大有 太陰
震 歲星	豫 熒惑	解 鎮星	恒 太白	升 太陰	井 歲星	大過 熒惑	隨 鎮星
坎 太白	節 太陰	屯 歲星	既濟 熒惑	革 鎮星	豐 太白	明夷 太陰	師 歲星
艮 熒惑	賁 鎮星	大畜 太白	損 太陰	睽 歲星	履 熒惑	中孚 鎮星	漸 太白
坤 太陰	復 歲星	臨 熒惑	泰 鎮星	大壯 太白	夬 太陰	需 歲星	比 熒惑
巽 鎮星	小畜 太白	家人 太陰	益 歲星	无妄 熒惑	噬嗑 鎮星	頤 太白	蠱 太陰

離 歲星	旅 熒惑	鼎 鎮星	未濟 太白	蒙 太陰	渙 歲星	訟 熒惑	同人 鎮星
兌 太白	困 太陰	萃 歲星	咸 熒惑	蹇 鎮星	謙 太白	小過 太陰	歸妹 歲星

「四氣」者，謂四時之節氣也，干寶以乾坤十二爻及復、臨、泰、大壯、夬、乾、姤、遯、否、觀、剝、坤十二辟卦當十二月，並詳乾坤十二爻下。「六親九族福德刑殺者」，即「爻等」說，已詳比六三條。皆不贅述。《噬嗑·彖傳》：「頤中有物曰噬嗑。」干寶引之證卦爻名物之義也。

物相雜，故曰文；文不當，故吉凶生焉。

《注》：其辭為文也。動作云為，必考其事，令與爻義相稱也。事不稱義，雖有吉凶，則非今日之吉凶也。故元亨利貞，而穆姜以死；黃裳元吉，南蒯以敗：是所謂文不當也。故於經則有君子吉小人否；於占則王相之氣，君子以遷官，小人以遇罪也。（集解引，四家皆輯之。）

案：自「其辭爲文也」至「則非今日之吉凶也」，釋《繫辭傳》此二句之義。從而舉穆姜及南蒯事以證。穆姜事見《左傳》襄公九年（其文曰：「夏，穆姜薨於東宮。始往而筮之，遇艮之八䷳，史曰：『是謂艮之隨䷐，隨其出也，君必速出。』姜曰：『亡。是於周易曰：「隨，元亨利貞，無咎。」元，體之長也；亨，嘉之會也；利，義之和也；貞，事之幹也。體仁足以長人；嘉德足以合禮；利物足以和義；貞固足以幹事。然故不可誣也，是以雖隨無咎。今我婦人而與於亂，固在下位，而有不仁，不可謂元；不靖國家，不可謂亨；作而害身，不可謂利；弃位而姣，不可謂貞。有四德者，隨而无咎；我皆無之，豈隨也哉！我則取惡，能無咎乎？必死於此，弗得出矣！』」）；南蒯事見《左傳》昭公十二年（其文曰：「南蒯之將叛也，筮之，遇坤䷁之比䷇。曰：黃裳元吉。以爲大吉也。示子服惠伯曰：『即欲有事，何如？』惠伯曰：『吾嘗學此矣！忠信之事則可；不然必敗。外彊內溫，忠也；和以率貞，信也；故曰黃裳元吉。黃，中之色也；裳，下之飾也；元，善之長也。中不忠，不得其色；下不共，不得其飾；事不善，不得其極。外內倡和爲忠；率事以信爲共；供養三德爲善；非此三者弗當。且夫易不可以占險，將何事也，且可飾乎！中美能黃；上美爲元；下美則裳。參成可筮，猶有闕也；筮雖吉，未也』」）。言「經則有君子吉小人否」者，爲遯九四爻辭。言「於占則王相之氣，君子

以遷官，小人以遇罪也。」者，八卦休王之說，已詳《下繫》「六爻相雜，唯其時物也。」條下案語。

說　卦

昔者聖人之作《易》也，幽贊於神明而生蓍。

《注》：幽，昧，人所未見也；贊，求也。言伏羲用明于昧冥之中，以求萬物之性，爾乃得自然之神物，能通天地之精而管御百靈者，始為天下生用蓍之法者也。（集解引，四家皆輯之。）

案：言「幽，昧，人所未見也；贊，求也」，闡釋字義也。與荀爽「幽，隱也；贊，見也」（集解引）、王弼「幽，深也；贊，明也」（周易注）義皆相近。以「昔者聖人」為伏羲，蓋本《繫辭傳》包犧畫卦之說（繫辭下：「古者包犧氏之王天下也，仰則觀象於天，俯則觀法於地。觀鳥獸之文，與地之宜。近取諸身，遠取諸物，於是始作八卦」）而推得之。京房（後漢書律曆志引京房雜試對：「宓犧作易」）、虞翻（集解引虞翻曰：「重言昔者，明謂庖犧也」）皆主是說。與鄭玄以「昔者聖人謂伏犧文王也」（見尚書僞孔安國序正義引）異。其後孔穎達作《正義》，曰：「此聖人即伏犧也。」即同干寶之說。

震……為龍。（龍，韓本作龍，釋文：「龍，如字，虞干作龍。虞云倉色，干云雜色。」四家皆輯之。）

《注》：龍，雜色。（釋文引，四家皆輯之。）

案：字作龍，同虞翻（虞翻作龍見釋文）；考上文已云「震為龍」，此不得重複，故當以「龍」字是。訓雜色，則同鄭玄（漢上易傳：「鄭康成讀龍為尨，取日出時色雜也。」）。

為尃。（釋文：「尃，王肅音孚。干云：花之通名鋪為花貌謂之藪。本又作專，如字，虞同，姚云專一也，鄭市戀反。」四家皆輯。）

《注》：花之通名鋪為花貌謂之藪。（釋文引，四家皆輯之。）

案：「尃」字當作「專」，布也。震為雷，雷聲專布於天下，故震又為專也。專形變為尃，王肅字如此，干寶蓋從王肅也。已詳王肅章。干寶釋義，張惠言以為「或有脫誤」（見易義別錄）。

離……其於木也，為科上槁。（槁，韓本作槁。釋文：「槁，苦老反，鄭作槀，

干作熇。」馬國翰未輯，他三家輯之。）

案：熇，字當作槀。《說文》：「槀，木枯也。」科上槀者，謂木空（科訓空）中者
上必枯槀也。字若作熇，《說文》：「熇，火熱也。」則無從取義矣。蓋槀俗作
槁，槁熇形似致誤也。

序　卦

有天地然後萬物生焉。

《注》：物有先天地而生者矣，今止（止原作正，依李道平纂疏說改。）取
始于天地；天地之先，聖人弗之論也。故其所法象，必自天地而還。《老
子》曰：「有物混成，先天地生，吾不知其名，彊字之曰道。」《上繫》
曰：「法象莫大乎天地。」《莊子》曰：「六合之外，聖人存而不論。」
《春秋穀梁傳》曰：「不求知所不可知者，智也。」而今後世浮華之學，
彊支離道義之門，求入虛誕之域，以傷政害民，豈非讒說殄行，大舜
之所疾者乎！（集解引，四家皆輯之。）

案：干寶先引《老》、《莊》、《穀梁》以明「取始于天地」之義；繼引大舜之言以
斥當時浮華之學。入室操矛，以攻虛誕，蓋有感而發也。所引《老子》語在
二十五章（曰：「有物混成，先天地生。寂兮寥兮！獨立不改，周行而不殆。
可以為天下母。吾不知其名，強字之曰道」）。《莊子》語在〈齊物論〉（曰：「六
合之外，聖人存而不論；六合之內，聖人論而不議」）。《穀梁傳》語在隱公三
年（曰：「知其不可知，知也。」《釋文》：「上知如字；下知音智。」疏：「謂
聖人慎疑作不可知之辭者，智也」）大舜語在《尚書‧舜典》（曰：「帝曰：『龍，
朕聖讒說殄行，震驚朕師』」）。

物穉不可以不養也，故受之以城；需者，飲食之道也。

《注》：需，坤之遊魂也。雲升在天，而雨未降；翱翔東西，須之象也。
王事未至，飲宴之日也。夫坤者，地也，婦人之職也。百穀果蓏之所
生，禽獸魚鱉之所託也，而在遊魂變化之家，即烹爨腥實以為和味者
也。故曰需者飲食之道也。（集解引，馬國翰未輯，他三家輯之。）

案：言「需，坤之遊魂也。」者，京房世應遊歸之例也（詳見屯象條）。言「雲升
在天，而雨未降；翱翔東西，須之象也。王事未至，飲宴之日也。」者，蓋
從《象傳》（象傳曰：「雲上于天，需；君子以飲食宴樂」）。其下自「夫坤者」

至末句，則由坤之遊魂說申明「需」何以爲「飲食之道」。然京房以卦體說之
（需卦乾下坎上。京氏易傳曰：「乾外見坎健而進，隘在前也；需與飲食，爭
於坎也」），實不用遊魂以釋此。又虞翻則以卦變說之（集解引曰：「君子謂乾。
坎水兌口，水流入口爲飲；二失位變體爲噬嗑爲食；故以飲食。陽在內稱宴，
大壯震爲樂，故宴樂也」）；干寶亦與之不同。

有天地然後有萬物，有萬物然後有男女，有男女然後有夫婦，有夫婦
然後有父子，有父子然後有君臣，有君臣然後有上下，有上下然後禮
義有所錯。

《注》：錯，施也。此詳言人道三綱六紀有自來也。人有男女陰陽之性；
則自然有夫婦配合之道。有夫婦配合之道；則自然有剛柔尊卑之義。
陰陽化生，血體相傳；則自然有父子之親。以父立君，以子資臣，則
必有君臣之位。有君臣之位，故有上下之序。有上下之序，則有禮以
定其體，義以制其宜。明先生制作，蓋取之于情者也。上經始于乾坤，
有生之本，下經始于咸恆，人道之首也。《易》之興也，當殷之末世，
有妲己之禍；當周之盛德，有三母之功。以言天不地不生；夫不婦不
成。相須之至，王道之端。故《詩》以〈關雎〉為國風之始；而《易》
以《咸》《恆》備論，禮義所由生也。（集解引，四家皆輯之。）

案：干寶此注，多有所據，足見其博洽。如「三綱六紀」，見《白虎通》（三綱六
紀篇曰：「三綱者，何謂也？謂君臣、父子、夫婦也。六紀者，謂諸父、兄弟、
族人、諸舅、師長、朋友也」）。言：有夫婦，則有父子、則有君臣，則有禮
義；略本《禮記》（禮記郊特牲：「男女有別，然後父子親，父子親然後義生，
義生然後禮作，禮作然後萬物安」）。言：禮以定體，義以制宜；亦本《禮記》
（禮器篇曰：「禮也者，猶體也。」中庸篇曰：「義者宜也。」）。言：明先王
制作蓋取之于情，乃依〈禮運篇〉之意（禮運：「人情者，聖王之田也。脩禮
以耕之，陳義以種之，講學以耨之，本仁以聚之，播樂以安之」）。言：上經
始于乾坤有生之本，下經始于咸恆人道之首者，孔穎達所謂「先儒皆以上經
明天道，下經明人事。」蓋古有是說也（然干寶之言爲「特稱命題」，孔引先
儒言則爲「全稱命題」，其義微異）。言：《易》之興當殷之末世當周之盛德，
則據《繫傳》（下繫：「易之興也，其當殷之末世，周之盛德邪？當文王與紂
之事邪？」）。言：天不地不生，夫不婦不成；本於《穀梁傳》（莊公三年：「獨
陰不生，獨陽不生，獨天不生」）。末引《詩》以〈關雎〉爲始，以說《易》

以《咸》《恆》備論之義。考干寶謂：「上經始於乾坤，有生之本也；下經始於咸恆，人道之首也。」後世如周弘正（其言曰：「乾坤象天地，咸恆明夫婦。」說周弘正章）、孔穎達（正義曰：「六十四卦，舊分上下。乾坤象天地，咸恆明夫婦。乾坤乃造化之本，夫婦實人倫之原，因而擬之」）、程頤（伊川易傳曰：「天地，萬物之本；夫婦，人倫之始；所以上經首乾坤，下經首咸，繼以恆也」）皆從其說。其實《周易》上下經皆十八簡，以簡數分上下，非關天道人道也（參閱下條及周弘正章）。

雜　卦

晉，晝；明夷，誅也。

《注》：日上中，君道明也；明君在上，罪惡必罰也。（集解引，四家皆輯之。）

案：《說卦》：「坤為地」「離為日」；晉卦䷢坤下離上，有日在地上之象。故《雜卦》云：「晉，晝也。」干寶申之云：「日上中，君道明也。」蓋以日喻明君也。明夷卦䷣離下坤上，有明入地中之象。《雜卦》云：「明夷，誅也。」干寶申之云：「罪惡必罰。」蓋以暗昧喻罪惡也。

夬，決也，剛決柔也。君子道長，小人道消也。

《注》：凡《易》既分為六十四卦，以為上下經，天人之事，各有始終。夫子又為《序卦》，以明其相承受之義。然則文王周公所遭遇之運；武王成王所先後之政；蒼精受命短長之期；備于此矣。而夫子又重為《雜卦》，以易其次第；《雜卦》之末，又改其列，不以兩卦反覆相酬者；以示來聖後王，明道非常道，事非常事也。化而裁之存乎變，是以終之以夬，言能決斷其中，唯陽德之主也。故曰：易窮則變，通則久。總而觀之，伏羲黃帝皆繫世象賢，欲使天下世有常君也。而堯舜禪代，非黃農之化，朱均頑也；湯武逆取，非唐虞之迹，桀紂之不君也；伊尹廢立，非從順之節，使太甲思愆也；周公攝政，非湯武之典，成王幼年也；凡此皆聖賢所遭遇異時者也。夏政尚忠，忠之弊野，故殷自野以教敬，敬之弊鬼，故周自鬼以教文；文弊薄，故春秋閱諸三代而損益之。顏回問為邦，子曰：「行夏之是地，乘殷之輅，服周之冕。」弟子問政者數矣，而夫子不與言三代損益，以非其任也。回則備言，王者之佐，伊尹之人也。故夫子及之焉。是以聖人之于天下也，同不

是，異不非，百世以俟聖人而不惑，一以貫之矣。（集解引，四家皆輯之。）

案：干寶此注，文字較多，先略加分析。干氏首言上下經之始終。繼述《序卦》之作者、主旨及其內容。然後乃述《雜卦》之作者、次第、主旨。以下則引聖賢遭遇、三代損益、孔子因材施教以證明「變通」之主旨。茲分別辨之於下。一、干寶論上下經之始終，其言曰：「凡《易》既分爲六十四卦，以爲上下經，天人之事，各有始終。」蓋以上經始於乾坤，象天地；終於坎離，象水火：始終皆天地之事也。下經始於咸恆，明夫婦；終於既未濟，明人事：始終皆人世間事也。其說實本於《乾鑿度》（其文曰：「乾坤者，陰陽之根本，萬物之祖宗也。爲上篇始者，尊之也。離爲日，坎爲月，日月之道，陰陽之經，所以終始萬物，故以坎離爲終。咸恆者，男女之始，夫婦之道也。人道之興，必由夫婦，所以奉承祖宗，爲天地主也。故爲下篇始者，貴之也。既濟未濟爲最終者，所以明戒愼而存王道」）。考先儒皆以「上經明天道下經明人事」（見咸卦孔氏正義引，詳於周弘正章），以「全稱命題」發凡，韓康伯、孔穎達皆非之；李心傳《丙子學易篇》更發現「上下篇之卦數雖不齊，而反復觀之，皆爲十有八。」以爲分篇之故在茲（近人崔適史記探源亦有是說。並於周弘正章詳之），則上下之經之分非由天人，實因十八簡之數者明矣。干寶言「上下經天人之事各有始終」，則爲「特稱命題」。上文已證明上經之「始」與「終」均言天道；下經之「始」與「終」均言人事。則干寶之言，尚能成立也。二、干寶以爲《序卦》、《雜卦》皆「夫子」所爲。此蓋先儒舊說「十翼」皆孔子所作（孔穎達周易正義：「其彖象等十翼之辭，以爲孔子所作，先儒更無異論」），其說出於《史記》（孔子世家：「孔子晚而喜易：序、彖、繫辭、說卦、文言」），然詞意含糊（案：「序、彖、繫辭、說卦、文言」，或以爲皆名詞，即說明上句「易」字之內容。或以「序」爲動詞，「彖、繫辭、說卦、文言」爲「序」之賓詞。或以「序」「繫」「說」「文」皆動詞，其賓詞分別爲「彖」「辭」「卦」「言」。皆持之有故，言之成理也）。《易緯・乾坤鑿度》始言孔子作《十翼》（卷下坤鑿度末云：「孔子附仲尼，魯人⋯⋯五十究易，作十翼」）班固列舉「孔氏爲之《彖》《象》《繫辭》《文言》《序卦》之屬十篇」（見漢書藝文志），「之屬」云云，殆因《說卦・雜卦》二篇略而未言也。干寶即據此等舊說，以爲《序卦》、《雜卦》皆孔子所作。迄至隋唐，殆無疑之者（隋書經籍志：「孔子爲彖、象、繫辭、文言、序卦、說卦、雜卦，而子夏爲之傳。及秦焚書，周易獨以卜筮得存。唯失說卦三篇，後河內女子得之。」

經典釋文序錄：「孔子作彖辭、象辭、文言、繫辭、說卦、序卦，雜卦，謂之十翼」）。至宋歐陽修始以「《繫辭傳》、《文言》、《說卦》以下皆非聖人之作」（見易童子問卷三）。自此以後，疑之者多矣（如俞琬周易集說雜卦說云：「韓康伯注本以說卦三篇分出序卦、雜卦，則序卦雜卦之名，蓋始於康伯。又案史記云『孔子晚而喜易、序彖、繫、象、說卦、文言。』而不主序卦雜卦，則漢初猶以序卦雜卦總名之曰說卦也。」顧炎武日知錄卷一：「序卦雜卦皆旁通之說，先儒疑以爲非夫子之言……或者夫子嘗言之而門人廣之，如春秋哀十四年西狩獲麟以後續經之作耳。」戴震周易補注目錄後語：「說卦三篇與今文太誓同後出，說卦分之爲序卦雜卦，故三篇詞旨不類孔子之言。或經師所記孔門餘論，或別有所傳述，博士集而讀之，遂一歸孔子，謂之十翼矣。」康有爲新學僞經考漢書藝文志辨僞第三上：「說卦序卦雜卦三篇，隋志以爲後得，蓋本論衡正說篇河內後得逸易之事……說卦與孟京卦氣圖合，其出於漢時僞託無疑。序卦膚淺，雜卦則言訓詁，此則歆所僞竄，並非河內所出。」李鏡池易傳探源：「韓康伯爲序卦作注，評道：『凡序卦所明非易之縕也』……孔穎達等……是贊成韓氏的……反對序卦之說，是不啻不承認孔子作序卦了……雜卦之名，漢書不載；東漢諸書也沒有稱引。」並例舉序卦之附會。梁啓超古書眞僞及其年代將說卦序卦雜卦創作時代歸之於「戰國秦漢之間」）。據屈翼鵬先生之考證，《序卦》乃戰國晚年人所作（古籍導讀下編：「淮南子繆稱篇曾引序卦『剝之不可遂盡也故受之以復』二語，是序卦已傳布於西漢初年。據史記此二者（指說卦序卦）亦皆田何所傳，殆皆戰國晚年人所作也」）。《雜卦》蓋亦漢人所爲（古籍導讀下篇：「雜卦之篇，不見於西漢及以前人所徵引，其爲河內女子所獻者無疑。河內女子所獻泰誓，與先秦諸書所引者不相應，馬融曾疑其僞。然則引雜卦之篇，蓋亦漢人所爲，而託河內女子，以售其欺耳」）。三、干寶以《序卦》係明各卦「相承受之義」，並謂文武成周事備於此，此殆因干氏以《周易》紀周事故也。其中「蒼精受命短長」則據五德終始之說（蒼精爲木，家語五帝德篇謂周以木德王）。四、干寶以《雜卦》次第不同於《序卦》，乃「非常」「變通」之意，並引史事證之。其實《雜卦》「雜糅眾卦」（韓康伯注語），並無義例；干寶引史，徒費筆墨耳。